Ein Hummer auf der Flucht, betrunkene Gäste unterm Tisch, ein Feuerwehreinsatz zum Dessert und Hunde, die sich über den Lammbraten hermachen ... Was tun?
Annaliese Soros hat viel zu erzählen von den Dinner-Partys der New Yorker High Society. Jahrelang erlebte sie an der Seite ihres Ehemannes, des Finanziers George Soros, die lustigsten, schrecklichsten und absurdesten Geschichten mit Gästen, Haustieren und kulinarischen Überraschungen. Mit viel Liebe und Humor erzählt sie ihre gesammelten Anekdoten und gibt hilfreiche Ratschläge und praktische Tipps für gewöhnliche und ungewöhnliche Zwischenfälle ...
Annaliese Soros, in Deutschland geboren, zog 1955 nach New York, wo sie den Finanzier George Soros heiratete. Sie ist noch immer gefragter Gast zahlreicher Partys und Veranstaltungen – wenn sie nicht gerade selbst als Gastgeberin auftritt.

Abigail Stokes lebt und arbeitet als Autorin, Lehrerin und Unterhaltungskünstlerin in New York.

Roderick Mills machte seinen Abschluss am Royal College of Art und lebt als Illustrator in London.

insel taschenbuch 4008

Annaliese Soros

Danke für die Einladung!

Annaliese Soros

Danke für die Einladung!

Wahre Geschichten von kulinarischen Katastrophen

Unter Mitarbeit von Abigail Stokes
Illustriert von Roderick Mills
Aus dem Amerikanischen von Angelika Beck

Insel Verlag

Die Originalausgabe erschien 2007 unter dem Titel *Dinner Party Disasters. True Stories of Culinary Catastrophe* · Compilation © Sideshow Media LLC and Annaliese Soros · Introduction and text © Annaliese Soros · Sidebars © Abigail Stokes · Illustrations © Roderick Mills · Umschlagfotos: Shutterstock.com

Vertrieb durch den Suhrkamp Taschenbuch Verlag · Umschlaggestaltung: HildenDesign, München · www.hildendesign.de · Druck: CPI – Ebner & Spiegel, Ulm · Printed in Germany · ISBN 978-3-458-35708-7

1 2 3 4 5 6 – 16 15 14 13 12 11

Inhalt

Einleitung

Auf die Idee zu diesem Buch bin ich gekommen, nachdem ich viele, viele Jahre lang kleine Abendessen für Freunde und Bekannte ausgerichtet und besucht habe und bei Partys jeglicher Größe und großen Wohltätigkeitsveranstaltungen kochen durfte. Wie, dachte ich, kann man Leuten die Angst vor der Bewirtung von Gästen besser nehmen, als einige der beherztesten Gastgeber und Gastgeberinnen aus meinem Bekanntenkreis dazu zu bringen, ihre schlimmsten Alpträume zum Besten zu geben? Dieses Buch ist der Beweis dafür, dass es zumindest bei kulinarischen Dingen immer einen Silberstreif am Horizont gibt.

Mein erstes Waterloo als Gastgeberin erlebte ich, kurz nachdem ich als frischvermählte junge Frau begonnen hatte, Gäste zu bewirten. Mein damaliger Mann, der Finanzier Georges Soros, und ich hatten den Sommer über ein Haus in Sagaponack an der Südküste von Long Island, New York, gemietet. Wir luden etwa fünfundzwanzig Leute zu Cocktails und einem Buffet ein. Ich bereitete ein leckeres Lammgulasch mit Frühlingsgemüse und gemischtem Salat, stellte eine reichhaltige Käseplatte zusammen und backte für den Nachtisch Apfelstrudel. In dem gemieteten Haus gab es einen Elektroherd, und da ich nur Gasherde gewöhnt war, brannte mir das Gulasch an. Ich verfluchte die Immobiliengötter und Thomas Edison und wollte schon sämtliche Gäste nach Hause schicken, als ein findiger Freund sagte: »Servier einfach das Gulasch und überlass alles andere mir.« Daraufhin ging er von einem Grüppchen zum andern und verkündete mit dreister Selbstsicherheit: »Ist es nicht verblüffend, was so ein bisschen Estragon ausmacht?« Dabei enthielt das Gulasch keine Spur von Estragon, aber wegen des Einfallsreichtums meines Freundes schien niemand zu bemerken, dass das Gulasch angebrannt war. Einige Leute riefen mich sogar am nächsten Tag an, um mir zu danken und mich nach dem Rezept für mein Estragon-Lamm zu fragen.

Aufgewachsen bin ich in einem kleinen Dorf (mit 800 Einwohnern) in Norddeutschland. Der Bauernhof meiner Großeltern, der Dierksin-Hof, lag auf der anderen Straßenseite. Schon in jungen Jahren entwickelte ich eine Vorliebe für gutes, einfach zubereitetes Essen. Vor allem während des Zweiten Weltkriegs und danach wurde mir klar, wie glücklich wir uns schätzen konnten, immer genug zu essen zu haben, wo doch so viele Menschen in Europa damals Hunger litten – und mehr noch, dass alles so frisch war, da es fast direkt aus der Erde auf unseren Tisch kam. Meine Mutter und meine Tante Anna waren ausgezeichnete Köchinnen, die zu jeder Jahreszeit stets sättigende Mahlzeiten zubereiteten: Wild in einer schmackhaften Rahmsauce, Rinderrouladen oder Schweinebraten. Wenn Fleisch knapp war, aßen wir Wurzelgemüse und Kartoffeln, sahnige Steckrübensuppe oder herrlich knusprige Kartoffelpuffer. Der Speiseplan richtete sich nach der Ernte- oder Jagdzeit und dem wichtigsten Ereignis eines jeden Jahrs, dem Schweineschlach-

ten. Das war ein solches Fest, dass meine Mutter dieses Datum immer mit meinem Geburtstag durcheinanderbrachte! Meine pragmatische Lebenseinstellung ersparte mir jedoch glücklicherweise Jahre der Therapie.
Tante Anna und ihr Mann hatten eine Bäckerei in der Stadt, so dass wir immer gute Backwaren bekamen – frische Brötchen, Roggenbrot, Pumpernickel und sogar Kuchen. Süßigkeiten, besonders Schokolade, waren nach dem Krieg rar, was vermutlich meine lebenslange Sucht nach diesem Naschwerk erklärt. Das ist auch der Grund, warum ich bei Dinner-Partys fast immer einen Nachtisch serviere und stets reichlichen Vorrat an Eiscreme, Törtchen und Gebäck in meiner Tiefkühltruhe bereithalte.
Mit einundzwanzig wollte ich die Welt sehen und ging nach New York, um als Au-Pair-Mädchen auf Long Island zu arbeiten. 1960 heiratete ich George, den ich 1957 in Quogue kennen gelernt hatte. Im ersten Jahr unserer Ehe kamen wir einmal in den Genuss eines Menüs mit acht Gängen, das eine brasilianische Freundin aus einer Küche von der Größe eines Besenschranks irgendwie auf den Tisch gezaubert hatte. Das heizte meinen Ehrgeiz an, und ich ging los und kaufte mir verschiedene Kochbücher. Schließlich wurden Michael Fields *Cooking School* und dann Julia Childs *Mastering the Art of French Cooking* zu meiner Bibel. Mittlerweile umfasst meine Bibliothek unter anderem eine gebundene Sammlung meiner eigenen Familienrezepte, die *Silver Palate Books*, die *Barefoot Contessa Books* sowie die frühen Kochbücher von Martha Stewart.

George und ich bauten ein Haus in Southampton (nahe dem Schauplatz meines ersten Desasters) und luden fast jedes Wochenende Gäste ein, was meinen Fertigkeiten als Köchin und Gastgeberin sehr zustatten kam. Mit den Jahren wurde ich durch schieres Ausprobieren immer besser (so musste ich zum Beispiel Lehrgeld bezahlen für die Erkenntnis, dass man zur Zubereitung von Tiramisu niemals auf Ricotta ausweichen darf, wenn man keinen Mascarpone bekommt). Diese Learning-by-Doing-Methode empfehle ich allerdings nur, wenn man Familienmitglieder und enge Freunde bekocht. In der Mehrzahl jedoch waren meine Bemühungen von Erfolg gekrönt.

Wenn ich heutzutage eine Einladung am Wochenende gebe, setze ich mich schon am Mittwoch mit meinen Kochbüchern hin und plane das Menü. Ich suche immer nach neuen Ideen in einschlägigen Artikeln der *New York Times* und in verschiedenen Kochsendungen auf PBS, und ich verfolge die Publikationen der »angesagten« Chefköche, um zu schauen, ob ich mir von ihnen etwas abgucken kann. Vor einigen Jahren begann ich tatsächlich, Buch zu führen darüber, wer was wann aß, und dementsprechend stelle ich das jeweilige Menü zusammen. Vermutlich sollte ich meine Gäste nach etwaigen Allergien fragen, aber irgendwie war das nie ein Problem. Auch über die gerade gängige Diät bin ich nicht auf dem Laufenden. Ohnehin scheinen Leute, die sich gerade einer Diät unterziehen, ihre Selbstdisziplin zu vergessen, sobald sie mein Haus betreten.

Donnerstags und freitags kaufe ich die Lebensmittel ein und

mache mich dann am Samstagmorgen in der Küche an die Arbeit. Vorbereitung ist die wichtigste Verbündete im Kampf gegen Katastrophen.

Zwar gebe ich noch immer große Gesellschaften – sogar feierliche Dinner für 50 Personen –, aber meistens lade ich höchstens zwölf Leute ein. Da ich mich mit allen meinen Gästen unterhalten können möchte, nehme ich mittlerweile häufig die Hilfe eines Catering-Betriebs in Anspruch. Ich bemühe mich um eine unaufdringliche, vertrauliche und dennoch lebhafte Atmosphäre. Einen bestimmten Anlass zu haben ist hilfreich. Feiertage und Geburtstage bieten sich da natürlich an. Für mich als große Musikliebhaberin sind musikalische Darbietungen nicht nur angenehm, sondern auch praktisch, verleihen sie einem Abend doch einen gewissen Höhepunkt. Für eine ganz besondere Abendgesellschaft engagierte ich einmal einen Zauberer, der meinen Gästen die Geldbörsen und Uhren »entwendete« (und zurückgab).

Nicht immer lasse ich Musik spielen, doch ein Stapel CDs liegt stets bereit, für den Fall, dass eine Gesprächspause überbrückt werden muss. Meine Leidenschaft gilt der klassischen Musik, die möglicherweise nicht jedem zusagt, aber für mich ist sie die am wenigsten aufdringliche. Gewöhnlich wähle ich Kammermusik – Mozart, Vivaldi oder Haydn –, nichts mit Gesangseinlagen, da sie die Konversation stören, die mit viel gutem Wein und Spirituosen in Gang gehalten wird.

Ich versuche Leute einzuladen, die meinem Eindruck nach Gemeinsamkeiten haben. Dann kann ich ziemlich sicher sein, dass sie ein Gesprächsthema finden, obwohl man eine gute Konversation nicht erzwingen kann. Ich bemühe mich, Singles und Paare zu mischen – wenn die Leute nur in Paar-Kategorien dächten, würde ich nie zu einer Dinner-Party eingeladen werden. (George und ich sind seit 1983 geschieden!) Während ich mich um die Konversation nicht weiter kümmere, lege ich großen Wert auf die Sitzordnung. In der Regel weise ich den Gästen je nach gemeinsamen Interessen ihre Plätze zu, wobei es mir darum geht, dass Männer und Frauen einander abwechseln. Ich vermeide es tunlichst, Ehepaare nebeneinander zu setzen.

Trotz größter Bemühungen, Menschen mit ähnlichen oder zumindest einander ergänzenden Interessen zusammenzubringen, tritt man dabei manchmal ins Fettnäpfchen. Ich erinnere mich an ein Missgeschick mit einem Freund, der hochintelligent und – in der Regel – recht unterhaltsam ist. Wenn er gut drauf war, konnte er den ganzen Tisch mit fesselnden Geschichten und müheloser Schlagfertigkeit unterhalten. Er saß neben einer kontaktfreudigen und ziemlich geschwätzigen Frau, die ihn fragte, wie denn das Leben im früheren Jugoslawien, von woher er kam, gewesen sei. »Ich kümmere mich einen Sch...dreck um Jugoslawien«, schrie er sie an. Hierauf sagte sie nicht mehr viel, sondern schien sich enorm für ihre Suppe zu interessieren. Was kann man da machen? Nach diesem Vorfall lud ich meinen Freund nur noch ein, wenn die anderen Gäste ihn bereits kannten oder ein sehr dickes Fell hatten.

Ich kenne Leute, für die Konversation gang und gäbe ist – sie geht ihnen so selbstverständlich und mühelos von den Lippen, dass sie sich mit jedem unterhalten können, vom schüchternsten Mauerblümchen bis zum größten Sturkopf in der Runde. Ich empfehle Ihnen wärmstens, ein paar solcher Leute in Ihre Gästeliste aufzunehmen, da sie die Aufgabe des Gastgebers um einiges erleichtern. Für mich sind das meine Kinder, die nicht nur Gesprächstalent mitbringen, sondern sich auch als dankbare und liebenswerte Gäste erweisen.

Für den Fall, dass während des Kochens etwas schiefgeht oder völlig unvorhergesehen Gäste hereinschneien, halte ich in der Speisekammer immer meine Art von »Notfallrationen« bereit (vgl. »Katastrophenabwehrprogramm in der Speisekammer«). Für eine Zwischenmahlzeit und schnell zubereitete Nachtische habe ich stets Obst und Süßigkeiten vorrätig – und so viel Wein, wie in ein Regal passt. Ich bin der festen Überzeugung, dass eine schlechte Mahlzeit keinen Spitzenwein verdient – aber ich halte es ebenso für schade, ein köstliches Essen in netter Atmosphäre nicht mit einer guten Flasche Wein zu krönen.

In diesem Buch geht es nicht nur um Katastrophen, genauso wenig wie es bei einer Dinner-Party streng genommen nur ums Essen geht. Es handelt von Lösungen, wie man unter Stress die Fassung und Liebenswürdigkeit bewahrt, um die flüchtigen, menschlichen Aspekte von Gastlichkeit – den Gemeinschaft stiftenden Brauch, Brot zu brechen und den Zusammenhalt einer Gruppe von neuen oder alten Freunden festlich zu begehen.

PS: Eine Faustregel sowohl für Bücher als auch für Dinner-Partys: Katastrophen sorgen fast immer für tolle Geschichten – sei es wenn sie geschehen oder wenn man davon erzählt. Die wichtigste Zutat in beiden Fällen ist Sinn für Humor. Nur so werden Traumata zu Triumphen.

Highball mit Schrumpfköpfen

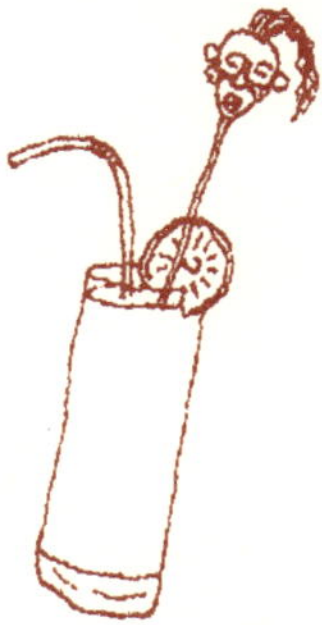

Gastgeber: Alice & John Ford
Anzahl der Gäste: 10
Menü: Cocktails, Kürbiscremesuppe,
gebratene Ente, Friséesalat, Käseplatte,
herbstliche Beerenfrüchte mit Sahne

Viele Jahre lang war meinem Mann und mir die Freundschaft eines inzwischen hochbetagten Forschungsreisenden lieb und teuer gewesen, der in den 20er und 30er Jahren auf abenteuerliche Weise die Urwälder Afrikas und Brasiliens durchquert hatte. Den größten Teil seiner dreiundneunzig Jahre war er Junggeselle geblieben, dann aber mit Ende siebzig den Reizen einer Frau – ich werde sie hier Mrs. X nennen – erlegen, zu deren vielen Vorlieben unter anderem Katzen, Alkohol und Mr. X gehörten, wenngleich nicht notwendigerweise in dieser Reihenfolge.
Eines Abends im Herbst luden wir das glückliche Paar zu Cock-

tails und einem Essen in vertrauter Runde bei uns ein. Mrs. X war alkoholerprobt und konnte eine ganze Menge vertragen, und so hatten wir fast schon den Hauptgang beendet, als ich sie langsam von ihrem Stuhl rutschen sah. »Ich bilde mir das alles nur ein«, dachte ich und suchte durch Blickkontakt mit meinem Mann und dem ihren nach Bestätigung. Doch sie reagierten nicht. Da fiel mir auf, dass unser dicker alter Kater Bentley unter den Tisch gekrochen war und sich zwischen den Falten des voluminösen Tischtuchs versteckte. Anscheinend hatte auch Mrs. X. die Bewegungen der Katze bemerkt, denn sie glitt mit einer Anmut, die ich einer Achtzigjährigen nicht zugetraut hätte, vollends unter den Tisch und begann in aller Seelenruhe das schnurrende Tier zu streicheln und mit ihm zu sprechen. Kurz darauf war Mrs. X, nach ihren leisen Schnarchlauten zu urteilen, eingeschlafen.

Ich meinte in den Gesichtern einiger anderer Gäste Neugier zu entdecken, aber es war durchaus möglich, dass diese den Schrumpfköpfen galt, die Mr. X. aus einem mitgebrachten Koffer hervorgezogen hatte. Liebevoll und wiederholt sprach er von dem einen als »Boris«, so als habe der das Schrumpfen als eine nette Geste selbst besorgt. Mrs. X. und die Katze wurden mit keinem Wort erwähnt.

Salate und Käse waren verzehrt, die Süßspeisen zum Nachtisch genossen worden, und noch immer schien niemandem aufgefallen zu sein, dass eine Person am Tisch fehlte. »Gehen wir doch zum Kaffeetrinken ins Wohnzimmer«, schlug ich vor, was wir

auch taten und die schlafende Mrs. X. und den allzu entzückten Kater Bentley unter den Falten des Tischtuchs zurückließen.
Während ich die Mokkatassen nachfüllte, erschien Mrs. X. etwas zerzaust, aber durchaus ausgeruht wirkend und bat mich um einen Drink, einen Highball. »Nicht möglich!«, dachte ich und reichte ihr einen mit diebischer Freude.
Was immer uns Mr. X. über die Sitten und Gebräuche der eingeborenen Volksstämme Afrikas und des Amazonasgebiets beigebracht haben mochte, so hatten doch er und seine Frau Kostproben einer weniger exotischen Stammeskultur geboten, nämlich der von New York City.

Wie man mit einem »Kater« fertig wird

Alkohol kann die Geselligkeit fördern, die Konversation erleichtern und gelegentlich sogar ein langweiliges Fest in einen tollen Abend verwandeln. Als Dank an jene, die die Party unvergesslich machten, könnten Sie ihnen, wenn sie aus Ihrer Haustür taumeln, einen der folgenden Tipps zur Katerbekämpfung mit auf den Weg geben. Besser noch, Sie halten für all jene, die es nötig zu haben scheinen, Tüten mit einschlägigen Hausmitteln gegen einen Kater bereit.

Um die Symptome eines Katers vor dem Zubettgehen zu lindern, nehme man:
zwei Aspirin mit einem rehydratisierenden Sportgetränk wie Gatorade;
eine Vitamin-B-Kapsel;
einen mit Honig gesüßten Bananenshake.

Für den Morgen danach empfiehlt sich:
Tomatensaft oder eine zeitlose »Bloody Mary« (einen Kater kuriert man am besten mit dem, womit man aufgehört hat);
ein herzhaftes Frühstück mit Eiern und vielen Kohlenhydraten;
ein Spaziergang in frischer Luft (Sonnenbrille mitnehmen!).

Vergessen Sie nicht: Der Übergang zwischen angeheitert und beschwipst ist fließend. Gäste, die in angetrunkenem Zustand unterhaltsamer werden, sind die Ausnahme. Einen Betrunkenen im Haus zu haben ist meistens lästig, lässt sich jedoch nicht immer vermeiden, aber bewältigen. Wenn Gäste zu tief ins Glas schauen, sollte man als Erstes dafür sorgen, dass sie keinen Alkohol mehr bekommen. Bieten Sie eine nichtalkoholische Alternative an oder tauschen Sie in extremen Fällen die Drinks einfach aus, ohne zu fragen. Greifen Sie zur List, wenn nötig, denn bedenken Sie, dass solche Gäste mehr oder weniger beeinträchtigt sind! Falls die Leute mit dem Auto gekommen sind, nehmen Sie ihnen die Autoschlüssel ab. Die einzige Möglichkeit besteht wahrscheinlich darin, sie ihnen wie ein Taschendieb zu klauen, anstatt sie sich geben zu lassen, und ein Taxi zu rufen. Wählen Sie den Notruf, wenn die Lage außer Kontrolle gerät oder die Person in Gefahr ist, sich selbst oder anderen zu schaden.

Sehen Sie hinterher Ihre Gästeliste durch, um festzustellen, wer sich ungebührlich und wer sich gut benommen hat, und ziehen Sie daraus die Konsequenzen für Ihre nächste Einladung.

Verdächtiges Blubbern

Gastgeber: Katherine & Boris Ismay
Anzahl der Gäste: 8
Menü: Brasilianischer Eintopf, grüner Salat

Einmal beging ich beinahe den fatalen Fehler, meinen Gästen eine Nahrungsmittelvergiftung zuzufügen, was meinem Ruf als guter Gastgeberin gewiss den Todesstoß versetzt hätte.

Meine Abendeinladung für acht Personen sollte um 19.30 Uhr beginnen. Bereits am Nachmittag war der Tisch gedeckt, der Salat gewaschen und angerichtet, das Dressing angerührt, um zu gegebener Zeit darüber gegossen zu werden. Auf dem Speiseplan stand außerdem ein herzhafter, brasilianischer Eintopf mit scharfen und süßsauren Würsten, roten Bohnen, Zitronensaft, Bananen und Erdnüssen, ein bei uns zu Hause häufig zubereitetes Gericht. Schon seit mehreren Stunden köchelte es auf dem Herd. Als ich um halb fünf die Gasflamme abdrehte, gluckerte das inhaltsreiche Gemisch wie kalt werdende Lava gemächlich vor sich hin.

Gegen fünf Uhr kam mein vierzehnjähriger Sohn James aus der Schule und hatte seinen stets hungrigen Freund Daniel im Schlepptau. Wie immer stahl sich Daniel in die Küche, hob den schweren orangefarbenen Deckel von der Kasserolle, sog das kräftige Aroma des Eintopfs ein und sah mit flehenden Augen in meine Richtung. Da ich genug für eine halbe Kompanie zubereitet hatte, nickte ich ihm zu. Als Daniel gerade den Schöpflöffel in den Topf tauchen wollte, fiel zufällig mein Blick hinein. Seltsamerweise blubberte das Gericht immer noch, obwohl ich aus Erfahrung wusste, dass die Oberfläche inzwischen völlig glatt hätte sein müssen. Trotz des nach wie vor überwältigend köstlichen Aromas war das Blubbern stärker geworden.

Schaudernd stieß ich Daniel den Löffel vom Mund weg und legte wieder den Deckel auf den Topf. Eine schnelle Überprüfung der nicht verbrauchten Würste im Kühlschrank überführte sie als die Übeltäter; sie verströmten einen verräterischen, überreifen, leicht ranzigen Geruch. Ich schüttete den unguten Eintopf durch die Hintertür in die Mülltonne und fühlte mich sehr erleichtert und wie eine heldenhafte Lebensretterin – eine jedoch, die nun eine Party retten musste.

Zum Glück waren die Vorspeisen reichlich bemessen und nicht lebensbedrohlich. Ich bestellte mehrere Pizzas nach dem Geschmack der Gäste, servierte Unmengen von Salat und Wein, und so feierten wir statt des Letzten Abendmahls ein Fest der Überlebenden.

Verfallsdaten von Nahrungsmitteln

Fisch und Gäste beginnen nach drei Tagen zu stinken, so lautet ein berühmter Ausspruch Benjamin Franklins – in diesem Moment sollte man beiden die Tür weisen. Eine Faustregel besagt, dass Fleisch, Geflügel und Fisch nicht riechen dürfen, ehe Sie Ihre Kochkünste an ihnen entfalten.
Ihr Kühlschrank und Ihre Tiefkühltruhe müssen auf die richtige Temperatur eingestellt sein, ehe wir darüber reden können, wie lange sich Nahrungsmittel darin halten. Die Thermometer in solchen Geräten (erhältlich in Haushalts- und Eisenwarenhandlungen) sind darauf geeicht, selbst bei sehr tiefen Temperaturen genau zu funktionieren. Kühlschränke sollten Temperaturen um 4° Celsius nicht überschreiten. Tiefkühlkost bewahrt ihre ursprüngliche Qualität am längsten, wenn der Gefrierschrank oder das Gefrierfach auf –18° Celsius eingestellt ist.

Beachten Sie die Verfallsdaten auf Tiefkühlfleisch und Milchprodukten.
Rinder-, Puten-, Lamm-, Kalb- und Schweinehackfleisch hält sich im Kühlschrank bis zu zwei Tagen, im Gefrierfach 3 bis 4 Monate;
Frischfleisch, Kotelett oder Braten im Kühlschrank 3 bis 5 Tage, im Gefrierfach 6 bis 9 Monate;

frisches Geflügel im Kühlschrank 1 bis 2 Tage, im Gefrierfach 9 Monate;
frischer Fisch im Kühlschrank 1 bis 2 Tage, im Gefrierfach 3 bis 6 Monate;
Frischwurst im Kühlschrank 1 bis 2 Tage, im Gefrierfach 1 bis 2 Monate;
Schinkenspeck im Kühlschrank 7 Tage, im Gefrierfach einen Monat;
Fisch, Fleisch, Geflügel gekocht im Kühlschrank 3 bis 4 Tage, im Gefrierfach 3 bis 6 Monate;
Eier in der Schale im Kühlschrank 3 Wochen, nicht geeignet fürs Gefrierfach;
rohes Eidotter und Eiweiß im Kühlschrank 2 bis 4 Tage, im Gefrierfach 1 Jahr;
handelsübliche Mayonnaise, geöffnet, im Kühlschrank 2 Monate, nicht geeignet fürs Gefrierfach;
offene Milch im Kühlschrank 7 Tage, nicht geeignet fürs Gefrierfach.

Weitere Informationen erhalten Sie bei Verbraucherzentralen und Gesundheitsämtern.

Bezüglich »überreifer« Gäste gibt es leider keine Hotline!

Als die Hummer Reißaus nahmen

Gastgeber: Ellen & Peter Orford
Anzahl der Gäste: 20
Menü: Gebratene Kartoffeln, Maiskolben, gegrillter Hummer

Vor etlichen Jahren, als wir alle noch jungverheiratet waren, mieteten meine Schwester und mein Schwager mit uns zusammen auf Timesharing-Basis ein Strandhaus in den Hamptons bei New York City. Damals interessierte ich mich sehr fürs Kochen und arbeitete mich durch die Kochbücher von Craig Claiborne, der für die *New York Times* schrieb. Und so beschloss ich, an einem Wochenende ein richtig tolles Muschelessen am Strand zu veranstalten, wobei statt der Muscheln Hummer serviert werden sollten. Damit das alles auch richtig stilecht war,

wollten wir sie in einer Grube im Sand auf warmen Briketts und unter feuchtem Seetang schmoren.
Meine Schwester und ich verbrachten einen ganzen Tag damit, die dafür nötigen Utensilien herbeizuschaffen: eine Schaufel, Holzkohle und Streichhölzer, Kartoffeln, Maiskolben, Hummer (übrigens: lebende Hummer zu kaufen ist kein Vergnügen, sie zu transportieren noch weniger) und riesige Plastiktüten, um Seetang zu sammeln (auch das ist kein kleines Kunststück angesichts des Gewichts und der Schlüpfrigkeit dieses Zeugs). Doch was tut man nicht alles für ein tolles Hummeressen am Strand! Für Bier und Wein waren die Männer zuständig.
Bei Anbruch der Dämmerung hoben wir eine Grube aus, warfen die Briketts hinein, zündeten sie an, ließen sie ein wenig abkühlen und legten schließlich dann das Bratgut darauf. Sorgfältig und behutsam deckten wir die Grube mit Seetang zu und begaben uns dann zu unseren Strandtüchern, um mit den anderen, etwa zehn Paaren, zu warten, bis unser Festmahl fertig war.
Einige Flaschen Wein später hatten Dunkelheit und heftiger Hunger eingesetzt. Wir beschlossen, unter den Seetang zu gucken, um zu schauen, wie weit die Dinge gediehen waren. Zu unserer totalen Verblüffung waren die Hummer verschwunden. Die resoluten Schalentiere hatten sich aus der Grube herausgeschaufelt und krochen so schnell sie konnten zum Meer zurück! Im Dunkeln konnten wir gerade noch erkennen, wie ihre unbeholfenen Gestalten der Brandung zustrebten.
Die Geschichte ging gut aus – für die Hummer. Wir ließen sie

ziehen, oder besser gesagt, sie waren schon weg. Offensichtlich hatten wir unseren »Ofen« nicht richtig aufgebaut und die Holzkohlen etwas zu sehr abkühlen lassen, ehe wir das Bratgut darauflegten. Die Maiskolben und die Kartoffeln hatten zwar nicht das Weite gesucht, waren aber leider ungenießbar. Zum Glück rettete die durch den Alkohol gesteigerte Ausgelassenheit die Situation. Wir sammelten die kläglichen Reste ein, warfen sie in Müllcontainer und gingen ins nächste Muschellokal.

Wie man Schalentieren Schmerz erspart

Der König der Schalentiere, der Hummer, enthält in seinen Zangen, seinem Schwanz und seiner Körperhöhle süßes, festes, saftiges Fleisch. Hummer müssen entweder lebend gekocht oder unmittelbar vor dem Kochen getötet werden. Und genau da liegt der Hase im Pfeffer …

Laut dem Hummer-Institut der Universität Maine ist »das Nervensystem eines Hummers sehr einfach strukturiert – ähnlich dem eines Insekts. Weder Insekten noch Hummer verfügen über Gehirne. Damit ein Organismus Schmerz empfinden kann, muss er ein komplexeres Nervensystem haben. Neurophysiologen versichern uns, dass Hummer wie Insekten keinen Schmerz empfinden.«

Die Tierschützer der Lobster Liberation Front sind da anderer Meinung: »Wie alle Tiere können auch Hummer Schmerz empfinden und leiden, wenn sie lebendig zerschnitten, gegrillt oder gekocht werden. Im italienischen Reggio ist es verboten, Hummer bei lebendigem Leibe zu kochen. Wer sich nicht daranhält, dem drohen Geldstrafen bis zu 600 $.«

Wenn Sie einen Hummer lebendig kochen möchten, so lassen Sie ihn mit dem Kopf voran ins siedende Wasser gleiten. Um dem Tier allzu großen Schmerz zu ersparen, ist es nach Meinung einiger Leute am besten, es zuvor fünfzehn Minuten lang in die Kühltruhe oder in einen Eimer mit eiskaltem Wasser zu legen. Wenn Sie den Hummer auf andere Weise zubereiten, z. B. grillen, möchten, müssen Sie ihn zuerst töten. Damit dies möglichst schnell und human vonstatten geht, sollten Sie das Tier flach auf den Bauch legen und mit der einen Hand den Schwanz dort festhalten, wo er in den Körper übergeht. Durchbohren Sie sodann den Kopf direkt hinter den Augen mit einem scharfen Messer und stoßen Sie es bis zum Schneidebrett durch, danach drücken Sie es nach vorn, um den Kopf zu spalten.

Ist Ihnen jetzt wohler?

Mum(m)ifiziert*

Gastgeber: Violet & Alfred Gérmont
Anzahl der Gäste: 2
Menü: Orecchiette mit Knoblauch und Olivenöl, Lammlende mit Steinpilzen, Tiramisu

Als Frischvermählte bewohnte ich mit meinem Mann, einem Italiener, eine palastartige, aber dürftig möblierte Villa in Florenz. Bei unserem ersten Abendessen, das ich ausrichtete, hoffte ich die Aufmerksamkeit der Gäste durch eine Fülle von Blumen und Kerzen im salotto von dem kargen Mobiliar abzulenken. Weil es Ende Oktober war, wurden in allen Blumenläden ringsumher Unmengen weißer Chrysanthemen feilgeboten. Chrysanthemen verband ich immer mit Herbst und Football, und so kamen mir diese großen, üppigen Blüten wie gerufen, um ein opulentes Ambiente zu kreieren. Da wir gegenüber der Kirche Santa Croce wohnten, schlich ich mich hinein und brachte dem

erstbesten Heiligen eine großzügige Spende dar, um eine stattliche Anzahl der langen dünnen Kerzen zusammenzuraffen, die vor seinem Bildnis aufgereiht standen.
Ich fand natürlich, dass mein Arrangement ganz toll aussah, weshalb ich mir auf die verdutzten und irgendwie betretenen Mienen unserer Gäste keinen Reim machen konnte. Erst als mein Mann von der Arbeit nach Hause kam und schallend lachte, wurde uns allen der Grund unseres beiderseitigen Unbehagens klar. Alfred wusste, dass in den USA die Football-Saison begonnen hatte, und begriff sofort, warum ich auf die Idee mit den Chrysanthemen verfallen war, stecken sich doch seit Jahren die Fans verschiedener Football-Mannschaften solche Blumen ins Knopfloch. Das erläuterte er unseren italienischen Gästen, deren Mienen sich sogleich aufhellten. Sichtlich amüsiert, erklärten sie mir nun, dass am 1. November Allerheiligen (verwandt mit unserem Halloween) ist und die Italiener an diesem Tag die Gräber ihrer Lieben mit weißen Chryanthemen schmücken. Angesichts eines riesigen, vom Schein der Kirchenkerzen schwach erleuchteten und mit Chrysanthemenmengen auf Tischen, Kaminsimsen und in Vasen gefüllten Raumes hatten sich unsere Gäste wahrscheinlich gefragt, ob sie zu einem Abendessen oder einem Leichenschmaus eingeladen worden waren.
Nach dieser Erfahrung verwende ich seitdem Kürbisse aller Art, um den Tisch herbstlich zu schmücken.

[* Das Wortspiel ergibt sich aus dem amerikanischen Wort »mum«, der umgangssprachlichen Bezeichnung für Chrysantheme, Anm. d. Übers.]

Lasst Blumen sprechen

Von jeher überreichen Menschen als Ausdruck ihrer Sehnsucht, ihrer Dankbarkeit und ihrer Zuneigung Blumensträuße. Eine solche Gabe ist eine nette Geste zu einem Geburtstag, einem Jubiläum oder ein Dankeschön für eine willkommene Einladung. Aber achten Sie darauf, dass Ihr Blumenstrauß auch wirklich die Botschaft vermittelt, die Sie im Sinn haben.

Akazie – schüchterne Schönheit
Ambrosia – »Deine Liebe wird erwidert.«
Anemone – Aufrichtigkeit; Entsagung in der Liebe
Aster – Symbol der Liebe
Azalee – »Pass auf dich auf!«
Glockenblume – Bescheidenheit
Kaktus – Ausdauer, Durchhaltevermögen
Kaladie – große Freude und Begeisterung
Kamelie – Geschenk, um einem Mann viel Glück zu wünschen
Chrysantheme – »Du bist ein wunderbarer Freund!«
Krokus – Freude
Narzisse – Hochachtung und »Wenn du bei mir bist, scheint die Sonne!«
Gänseblümchen – dauerhaftes Liebe und Unschuld
Vergissmeinnicht – wahre Liebe und schöne Erinnerungen

Freesie – Vertrauen
Geißblatt – Glück
Hyazinthe – »Bitte verzeih mir!«
Hortensie – »Danke für dein Verständnis!«
Iris – Weisheit, Glaube und Hoffnung
Jonquille – Bestätigung gegenseitiger Zuneigung
Rittersporn – Wankelmut, Unbeständigkeit
Maiglöckchen – Schönheit, Frohsinn, Tändelei
Magnolie – Würde, Größe, Erhabenheit
Ringelblume – Gram, Kummer, Leid
Narzisse – »Bleib so lieb, wie du bist.«
Orchidee – Nachdenklichkeit, Reife, Charme
Petunie – »Deine Nähe beruhigt mich.«
Schlüsselblume – »Ohne dich kann ich nicht sein.«
Kranzschlinge (Stephanotis floribunda) – Glück in der Ehe
Gartenwicke – »Danke für eine wunderschöne Zeit!«
Sonnenblume – Stolz, Sonnenschein
Tulpe – viel Glück und »du bist eine wunderbare Geliebte«
Veilchen – Treue, Tugend
Viscaria – »Tanz mit mir!«
Glyzinie – Nichts zu danken!

Heiße mexikanische Nächte

Gastgeber: Madeleine & Andrew Jordan
Anzahl der Gäste: 8
Menü: Shrimps ceviche, Chalupas,
Arroz rojo, Flan

In seiner Hobbykochphase beschloss mein Mann Andrew eines Abends, für einige enge Freunde etwas Mexikanisches zu kochen. Er entschied sich für Chalupas, die in etwas Öl gebraten werden müssen. Als das Gericht fertig war, schaltete Andrew, wie er meinte, den Gasherd aus und gesellte sich zu uns auf einen Aperitif. Tatsächlich jedoch hatte er die Flamme aufgedreht, die dann schließlich das Öl entzündete. Während wir uns also bei unseren Cocktails im Wohnzimmer entspannten, von der Küche – und dem Qualm – durch eine Tür und einen knapp drei Meter langen Flur getrennt, merkten wir nicht, wie unser Abendessen ein Raub der Flammen wurde, ganz zu schweigen vom Küchenmobiliar.

Plötzlich klingelte es sowohl an der Wohnungs- als auch an der Haustür Sturm. In heller Aufregung rannten wir zur Tür. Und herein stürmten vier stramme Feuerwehrmänner in voller Montur, mit Äxten und Beilen im Anschlag. Als sie die Küchentür aufrissen, quollen uns schwarze Rauchwolken entgegen. Die Feuerwehrleute bekamen den Brand schnell unter Kontrolle, aber Küche und Abendessen waren nicht mehr zu retten. Ein Nachbar von gegenüber hatte von seinem Fenster aus die Flammen gesehen und den Notruf betätigt. Ich weiß nicht mehr, was wir an jenem Abend aßen, aber ich glaube, wir schulden unserem Nachbarn und der New Yorker Feuerwehr eine Einladung zum Abendessen – das wir von einem Restaurant kommen lassen.

Brandschutz-Einmaleins

Die meisten Brände entstehen wie aus dem Nichts, können aber binnen Minuten oder sogar Sekunden außer Kontrolle geraten. Das A und O des Brandschutzes sind Feuermelder. Bringen Sie auf jedem Stockwerk Ihres Hauses und außerhalb des Schlafbereichs einen an. Tauschen Sie die Batterien zweimal jährlich aus.

Ein Feuerlöscher ist noch immer die beste Wahl, sofern Sie vor Ort sind, wenn es in Ihrem Haus brennt. Man sollte stets einen Feuerlöscher in der Küche haben – am besten neben der Tür und drei Meter vom Herd entfernt. Kaufen Sie sich einen ABC-Feuerlöscher, den man bei allen Arten von Feuer benutzen kann. Richten Sie ihn auf den Brandherd, und schwenken Sie ihn dabei hin und her. (Feuerwehrleute lehren: herausziehen, zielen, drücken und schwenken). Verwenden Sie jedoch Feuerlöscher nur bei kleinen Bränden, bei großen müssen Sie sofort das Haus verlassen und von einem anderen Ort aus die Notrufnummer wählen.

Arbeiten Sie einen Fluchtplan aus, und sprechen Sie ihn mit Ihren Angehörigen durch. Einigen Sie sich auf eine Stelle außerhalb, wo sich alle im Brandfall einfinden und man feststellen kann, ob jemand fehlt. Gehen Sie unter keinen Umständen in ein brennendes Gebäude zurück.

Eine Heizschlange in einem Elektroherd erreicht eine Temperatur von gut 400° C, die eines Gasherds sogar 500° C. Ihre Geschirrtücher oder Topflappen können bereits bei 200° C Feuer fangen, ebenso Ihr Bademantel, Ihre Schütze oder weite Ärmel an Blusen und Pullovern – deshalb sollten Sie beim Kochen immer eng anliegende Sachen tragen. Sie können das Feuer zwischen Eheleuten wach halten *und* verhindern, dass Ihr Haus niederbrennt.

Powerplay

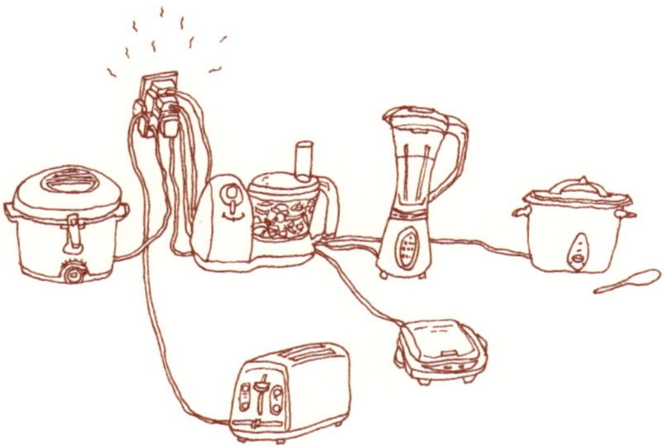

Gastgeber: Philippa & Albert Beach
Anzahl der Gäste: 2
Menü: Tomaten-Gurken-Salat, Champignons auf Toast, gegrillte Porterhouse-Steaks, Ofenkartoffel, Chocolate pots de crèmes

1951 arbeitete ich als Journalistin, lebte noch zu Hause (wie die meisten jungen Mädchen vor mehr als fünfzig Jahren) und hatte mich gerade verlobt. Meine Mutter, die nicht wusste, wo sich in ihrem eigenen Haus die Küche befand, meinte, ich solle Kochkurse an der Cordon Bleu besuchen. Ich lehnte ihren Vorschlag ziemlich unverfroren ab, indem ich ihr zu bedenken gab, dass ich an der Brown University in Chemie beste Noten erzielt hatte. Und jemand, der den Versuchsanordnungen an einem

Universitätslabor folgen könne, sei wohl auch in der Lage, ein Rezept in einem Kochbuch zu kapieren. Viel zu beschäftigt als junge Reporterin, hatte ich für derlei Dinge einfach keine Zeit. Damals war es auch üblich, zuallererst die eigenen Eltern zu einem selbstbereiteten Abendessen einzuladen. In unserer kleinen Dreizimmerwohnung hatten wir einen Couchtisch mit einer verborgenen Feder. Dieser richtete sich bei Knopfdruck zu Esstischgröße auf. Wie das vonstattenging, konnte ich mir zwar nie erklären, aber es funktionierte. Ich deckte also den Tisch mit einer Decke der Marke Leron, mit Steuben-Gläsern, gehämmertem Silberbesteck von Shreve & Co. aus San Francisco (mit passenden Kerzenhaltern, Aschenbechern sowie Salz- und Pfefferstreuern natürlich) – alles entzückende Hochzeitsgeschenke. Hochzeitsgeschenke zierten auch die Küche, und alle wurden benutzt: Da gab es eine hübsche Salatschüssel aus Holz mit einem silbernen Fuß und einem Salatbesteck mit silbernen Griffen, einen elektrischen Toaster für den ersten Gang, die Champignons auf Toast; ein großes elektrisches Etwas zum Backen der Kartoffeln, ein riesiges elektrisches Wunderding, auf dem wir Steaks braten konnten, und eine gewaltige elektrische Kaffeemaschine, die mir meine Arbeitskollegen geschenkt hatten. Den Nachtisch – Chocolate pots de crèmes in reizenden Schüsselchen aus Limoge-Porzellan – hatte ich schon am Vorabend zubereitet und zum Kaltwerden in den Kühlschrank gestellt.

Mama und Papa trafen ein und bekamen ihre Lieblingscocktails serviert: alter Bourbon für sie, alter Scotch für ihn. Kein

Problem. Ich bereitete sie für sie, seitdem ich zwölf war. Und während sie also glücklich und zufrieden ihre Drinks schlürften, ging ich in die Küche, um mit der Zubereitung des Abendessens zu beginnen.
Ich schloss den Toaster an. Ich schloss den Kartoffel-Backofen an. Ich schloss die Kaffeemaschine an, und – bingo – plötzlich war es in der ganzen Wohnung stockfinster. Jawohl – ich hatte die Sicherung durchbrennen lassen, und eine Ersatzsicherung war nicht vorhanden. Also zündete ich Kerzen an, damit wir zumindest ein bisschen etwas sehen konnten. Dabei hatte ich noch nicht einmal versucht, den Herd einzuschalten. Ich wusste gar nicht wie.
Tomaten-Gurken-Salat und sahniges Schokoladendessert ist doch eine recht ausgewogene Mahlzeit, nicht wahr?
Meine Eltern waren erleichtert, dass ich es nie mehr wagte, sie zum Essen einzuladen.

PS: Kochen habe ich noch immer nicht gelernt.

Grundlegendes zur Elektrizität in den eigenen vier Wänden

Was die Elektroinstallation in Ihrem Haus betrifft, so sollten Sie wissen, ob Sie ein System haben, das sich auf Sicherungen oder Stromunterbrecher stützt, die vor Überhitzung und Feuer schützen, indem sie den Stromkreis unterbrechen. Sicherungen haben Heizdrähte wie Glühbirnen, die ausbrennen, wenn ein Stromkreis überlastet ist, und dabei den Stromkreis unterbrechen und jedes Gerät ausschalten, das daran hängt und möglicherweise gefährlich werden könnte. Sicherungen müssen ausgetauscht werden, weshalb Sie stets Ersatzsicherungen zur Hand haben sollten. Stromunterbrecher sind Schalter, die Sie ein- oder ausstellen können. Sie sind leicht wieder einzuschalten, aber Sie müssen wissen, wo sich Ihr Sicherungskasten befindet und welcher Schalter für welchen Bereich Ihres Hauses oder Ihrer Wohnung zuständig ist. Vergewissern Sie sich, dass Sie den Stecker des Geräts, das den Kurzschluss ausgelöst hat, herausziehen, ehe Sie den Strom wieder einschalten.

Falls ein Stromunterbrecher häufig auslöst, sollten Sie einen Elektriker kommen lassen, der feststellt, worin das Problem besteht, und die Sache in Ordnung bringt. Zur Überlastung des Stromkreises kommt es, wenn zu viele Geräte eingeschaltet sind. Jedes Gerät zieht eine gewisse Menge Strom ab – gemeinhin gemessen in Watt, Volt oder Ampère. Der Verbrauch muss auf dem Gerät angegeben sein. Falls Neugierige es wissen möchten, wird Ihnen eine einfache mathematische Gleichung sagen, wann Sie die Grenze eines Stromkreises erreichen.

Es ist eine gute Idee, einen Elektriker kommen zu lassen, der einen Schaltplan Ihrer Wohnung oder Ihres Hauses erstellt und Ihre Stromkreise berechnet, um sie, falls erforderlich, aufzurüsten und sicherzustellen, dass Ihre eingebauten Geräte richtig verdrahtet sind. Falls Sie ein Summen oder Knistern aus Steckdosen oder Lichtschaltern hören, nehmen Sie es nicht auf die leichte Schulter. Wenn sich Geräte, Verlängerungskabel oder Wandsteckdosen heiß anfühlen, könnten Sie Probleme kriegen. Kontaktieren Sie auch in diesem Fall Ihren Elektriker.
Laut jüngster Statistiken der National Fire Protection Association werden im Durchschnitt jährlich 32 000 Hausbrände in den USA durch fehlerhafte elektrische Verteilersysteme und Geräte verursacht, bei denen durchschnittlich 220 Menschen ums Leben kommen, 950 verletzt werden und annähernd 674 Millionen Dollar Schaden an Häusern oder Wohnungen entstehen.

Lassen Sie nun den Elektriker kommen?

Die torkelnde Terrine

Gastgeber: Polly & Mack Heath
Anzahl der Gäste: 12
Menü: Avocadosuppe, Wolfsbarsch, Saubohnen, Polenta, Erdbeerkuchen

Mitte der 70er Jahre, als Avocado der letzte Schrei war und seinen Siegeszug bis in die angesagtesten Küchen antrat, wurde ich zu einem höchst würdevollen Abendessen im Hause meiner lieben Freundin Polly eingeladen.
Die Gäste saßen um den Esstisch herum und warteten gespannt auf den ersten Gang: kalte Avocadosuppe.
Als alte Freundin der Gastgeberin half ich ihr in der Küche. Wir schöpften gerade eifrig die sahnige grüne Flüssigkeit in die Terrine, als diese plötzlich vom Rand der Arbeitsplatte rutschte.

Angesichts eines Sees von verflüssigter Avocado, der sich zum Esszimmer hin ausbreitete (wegen der unglückseligen Abschüssigkeit des Fußbodens), griff ich mir schnell eine Tasse und begann, die Suppe in die Terrine zurückzuschöpfen. Polly kauerte sich zu mir auf den Fußboden, und zwischen Kichern und dem schwappenden Geräusch des Schöpfens gelang es uns, den größten Teil der eigenwilligen Suppe zu retten und eine ernsthafte Katastrophe zu verhindern.
Vor lauter Angst, dass möglicherweise einige unappetitliche Fitzelchen vom Küchenboden hineingelangt sein könnten, beschlossen wir, jede Portion mit einem Schlag deftiger Salsasauce zu krönen. Und so servierten wir die Suppenteller voller Stolz den gespannten Gästen.

Pollys Rezept war damals ziemlich neu, und ihre Gäste zeigten sich von einer solchen Köstlichkeit tief beeindruckt. Während sie ihrer Begeisterung mit Ahs und Ohs Ausdruck verliehen, vermieden wir es bewusst, einander anzusehen, um nicht laut loszulachen. Denn als die Gäste die Suppe priesen, wussten nur Polly und ich, worin die geheime Zutat bestand: in Jubilee Bohnerwachs.

Hausputz mit Hausmitteln

Achten Sie darauf, keine leeren Flaschen handelsüblicher Reinigungsmittel zur Aufbewahrung Ihrer häuslichen Kreationen zu benutzen. Sie wollen doch nicht riskieren, dass eine unerwünschte chemische Reaktion erfolgt oder dass Sie versehentlich eine Flasche mit verdünntem Essig verwenden, auf der immer noch »Clorox« steht.

Zur Reinigung von Holzböden mischen Sie gleiche Anteile von weißem Weinessig und Leitungswasser. Geben Sie fünfzehn Tropfen reinen Pfefferminzöls dazu und schütteln Sie das Ganze gut durch. Für Kunststoffböden kippen Sie eine Verschlusskappe voll Babyöl ins Putzwasser, das sorgt für Haltbarkeit und Glanz. Für Klinker- und Steinfliesenböden geben Sie eine Kappe Weißweinessig in ungefähr vier Liter Wasser und wischen Sie abschließend mit klarem Wasser nach.

Einen guten Allzweckreiniger erhält man, indem man eine halbe Kappe Essig und eine Viertel Kappe Backpulver in zwei Litern Wasser mischt. Zum Gebrauch für die Reinigung von Fenstern, Chromarmaturen und Spiegeln im Badezimmer usw.

Einen Luftreiniger können Sie leicht selbst herstellen, indem Sie Backpulver oder Essig mit Zitronensaft mischen und die Mixtur in kleine Schalen geben, wodurch schlechte Gerüche im Haus neutralisiert werden. Auch Zimmerpflanzen sind dabei hilfreich. Vermeiden Sie Essensgerüche, indem Sie während des Kochens einen Teelöffel Essig in einer Tasse Wasser auf dem Herd sieden lassen. Wischen Sie Küchengeräte und Schneidbretter, um sie von Fisch- und Zwiebelgerüchen zu befreien, mit Essig ab und spülen Sie sie hinterher in Seifenlauge.

Wenn Sie Ihre Sauberkeit unter Beweis stellen und von Ihrem Küchenboden essen müssen, beachten Sie die Tischmanieren und essen Sie mit geschlossenem Mund.

Deftige Duftmarke

Gastgeber: Kate & Benjamin Pinkerton
Anzahl der Gäste: 10
Menü: Gänseleberpastete, Pfeffersteak, Kartoffelgratin, Mousse au Chocolat

Nach der Geburt meiner Tochter Paulette konnte ich mich fast zwei Jahre lang vor meinen Pflichten als Gastgeberin drücken. Als jedoch mein Mann Benjamin befördert wurde, blieb mir keine andere Wahl, als über meinen Schatten zu springen und wieder das alte, schon etwas angestaubte Kochbuch mit dem verheißungsvollen Titel »Freude am Kochen« hervorzuholen. Da er bei seinen hochnäsigen Kollegen unbedingt Eindruck machen wollte, lud er sie zu uns zum Abendessen ein, und ich entschied mich tapfer für ein klassisches französisches Menu, das ich ihnen vorsetzen wollte.

Obwohl ich nicht gerade begeistert darüber und schrecklich

aus der Übung war, verlief der Abend nahezu reibungslos. Die Gäste verschlangen meinen ersten Gang, eine köstliche, aber üppige Gänseleberpastete. Dann erschien wie gerufen Paulette. In ihrem Lieblingspartykleidchen aus Samt mit weißer Spitzenbordüre tanzte sie im Zimmer umher und erntete so manches Lächeln und Gurren. Schließlich setzte sie sich zu meinen Füßen unter den Tisch und spielte dort zufrieden vor sich hin. Das tadellose Benehmen meiner manchmal impulsiven Kleinen erfüllte mich mit Stolz.

Gegen Ende des Hauptgangs, erhob ein gewisser Monsieur Cheval sein Glas und trank auf mein Wohl als Gastgeberin und das von Benjamin, dem neuen Partner der Firma. Unser Hochzeitsbakkarat klirrte festlich, und wie auf ein Stichwort hin kroch Paulette unter dem Tisch hervor und winkte artig »bonne nuit«. Vor lauter Erleichterung über den gelungenen Abend übersah ich, dass Paulette mit nacktem Popo zu ihrem Bettchen watschelte.

Kaum war die Platte mit den Pfeffersteaks zum zweiten Mal herumgereicht worden, da mischte sich allmählich in das Steakaroma ein viel penetranterer Geruch und überlagerte es alsbald. Unsere taktvollen Gäste enthielten sich jeglichen Kommentars, aber ihre verkniffenen Mienen verrieten ihr wachsendes Unbehagen. Der Geruch war unverwechselbar und jedem Elternpaar von Kleinkindern sehr vertraut. Wie ein Falke stieß ich unter den Tisch, wich gekreuzten Beinen und Stöckelschuhen aus, um Paulettes Abschiedsgeschenk an die Anwesenden einzufangen: ihre verschmutzte Windel. Benjamin riss sofort das Fenster auf und bugsierte die Gäste ins Wohnzimmer. Es war Zeit für Mousse au Chocolat (warum nur hatte ich mich letztlich doch nicht für Baiser entschieden?) und einen doppelten Muskat für mich.

Wie man üblen Gerüchen Herr wird

Bestimmt riecht es auch bei Ihnen zu Hause nicht immer nach Veilchen, insbesondere wenn Sie ein Haustier und oder ein Baby haben oder wenn Sie kochen. Möglicherweise sind Ihnen diese Gerüche gar nicht so unangenehm (und eben darin liegt die Gefahr), aber nehmen Sie einmal an, sie sind es für andere. Dann sollten Sie vorab die folgenden Maßnahmen treffen:

Öffnen Sie ein Fenster. Ansammlungen von Menschen erzeugen mehr Hitze, als Ihnen bewusst ist.

Sprühen Sie in Ihren vier Wänden unverdünnten Weißweinessig oder befeuchten Sie damit ein Handtuch und schwenken Sie es durch die Luft. Der Essiggeruch verfliegt schnell und bindet üble Gerüche. Sie können auch eine Schale mit Essig auf die Arbeitsplatte stellen und dort einige Stunden lang stehen lassen.

Man kann Wäschetrocknertücher in die Lüftungsschlitze der Heizung stecken. Sie erfrischen die ins Zimmer einströmende Luft.

Heben Sie Zitronenschalen, Zimtstangen und Gewürze auf, die für den normalen Gebrauch zu alt sind. Kochen Sie sie in einem Topf mit etwas heißem Wasser auf.

Geben Sie ein paar Tropfen Ihres Lieblingsparfüms auf die Glühbirnen.

Träufeln Sie Vanille- oder andere Duftöle auf einen Wattebausch und legen Sie diesen auf den Boden eines Abfalleimers oder in eine Schublade.

Bei plötzlichen und durchdringenden Gerüchen hilft Schwefel. Entzünden Sie ein Streichholz in dem störenden Bereich, und der Geruch verschwindet sofort, wenn Sie das brennende Streichholz ausblasen. Eine wohlgefüllte Streichholzschachtel im Badezimmer ist immer eine gute Idee.

Was die Körperhygiene betrifft, so kommt man zweifellos mit einem Hauch Parfüm oder Eau de Cologne ein ganzes Stück weiter.

Der vergoldete Käfig

Gastgeber: Isabelle & Christopher Claudel
Anzahl der Gäste: 200
Menü: Gegrillte Shrimps, gebratener Schnapper mit frischen Kräutern, Skirt Steak mit Chimichurri-Sauce, Safranreis mit Bohnen, grüne Plantainbanane mit Mojo, Flan kubanische Art

Vor einigen Jahren trat mein Lieblingsneffe vor den Traualtar, und die Familie der Braut empfing die Hochzeitsgäste unter Zelten auf ihrem wunderschönen Anwesen in Miami. Eine solch prächtige Inszenierung hatte ich noch nie zuvor erlebt. Die Dekorateure übertrafen wahrlich sich selbst, ließen von überall her exotische Blumen kommen – Paradiesvögel, seltene Orchideen und tahitische Gardenien. Tischtücher und Servietten waren aus schwerer Rohseide von satter Farbe. Der Caterer hatte das gesamte Festmahl aus Kuba einfliegen lassen, und zwar in mehr als ausreichenden Mengen, um die wartenden zweihundert Leute satt zu kriegen. Und in der Mitte eines jeden Tischs stand ein vergoldeter Käfig mit einem Turteltaubenpärchen. Man hatte, gelinde gesagt, an nichts gespart.

Es war ein wirklich bezaubernder Abend, bis etwas völlig Unvorhergesehenes geschah. Plötzlich, wie aus dem Nichts, schlug das Wetter um. Ein heftiger Regenschauer ging nieder, und ein orkanartiger Wind peitschte gegen die Zeltplanen. Während die mächtigen Böen den Gästen zusetzten, wurden mehrere Tafelaufsätze umgeworfen, wodurch ein Turteltaubenpärchen entkommen konnte. Aus ihrem Käfig befreit, hatten die Vögel nun Mühe, aus dem geschlossenen Zelt ins Freie zu gelangen. Vor lauter Panik flatterten sie wild und kreischend über unseren Köpfen und koteten in ihrer Aufregung auf Gäste und Speisen. Nach alldem fand der Abend natürlich ein schnelles Ende. Kein Mensch bekam mit, wie Braut und Bräutigam die Hochzeitstorte anschnitten.

Es wird manchmal behauptet, dass Regen bei einer Hochzeit Glück bringe. Auf die Ehe meines Neffen traf das leider nicht zu. Sie war nicht von langer Dauer, doch vielleicht gibt es irgendwo in Miami zwei glückliche Turteltauben, die sich in Freiheit ihr Nest bauten.

Leb wohl, Vögelchen

Turteltauben sind als Ausbruchskünstler bekannt. Der Trick dieser Vögel besteht darin, sich mit Kopf und Schultern durch die Gitterstäbe ihres Käfigs zu zwängen, auszuatmen und sich dabei ein Stückchen vorwärtszuwinden. Dann atmen sie tief ein und knallen wie Sektkorken zwischen den Stäben hindurch.

Wenn Ihre Vögel diesen Fluchtweg entdecken, sollten Sie die Anschaffung von Vogelwindeln in Erwägung ziehen, um Reinigungskosten zu sparen. Ja, es gibt wirklich solche Windeln aus atmungsaktivem Material, die das Tier weder beim Fliegen noch beim Putzen behindern.

Zu ihrem Namen kamen die Turteltauben, weil sie so gern paarweise zusammensitzen und sich gegenseitig das Gefieder putzen. Lassen Sie sich jedoch nicht täuschen. Seien Sie auf der Hut, wenn Sie mit dem Gedanken spielen, sich Turteltauben als Haustiere anzuschaffen! Aufgrund ihres aggressiven Pickverhaltens können sie jeden Vogel, der kleiner ist als sie, verstümmeln oder töten. Halten Sie sie nie zusammen mit Finken, Kanarienvögeln, Wellensittichen, ja selbst nicht mit Nymphensittichen, wenn Ihnen an Ihren anderen gefiederten Lieblingen etwas liegt.

Turteltauben brauchen einen Käfig mit mindestens zwei Sitzstangen und genügend Platz, damit sie von der einen zur anderen fliegen können. Ein Käfig mit einer Grundfläche von 50 x 70 cm ist gewöhnlich ausreichend. Die Sitzstangen dürfen weder zu schmal noch zu breit sein, sondern müssen einen für die Füßchen des Vogels bequemen Durchmesser haben.
Hier noch eine Vorsichtsmaßnahme, falls Sie Ihren Vogelkäfig in oder in der Nähe der Küche aufstellen möchten: Passen Sie gut auf, dass Sie Ihre Teflonpfannen oder ähnliche Utensilien nicht überhitzen. Wenn Teflon zu heiß wird, entstehen Dämpfe, die für Vögel giftig sind. Auch teflonbeschichtete Bügeleisen und andere Geräte können sehr gefährlich sein.

Der Thron

Gastgeber: Maria & Anthony West
Anzahl der Gäste: 2
Menü: Gegrillte Filetsteaks, Blauschimmelkäsesalat, Zitronendessert

Als Anthony und ich jungverheiratet waren, wohnten wir in einem Hochhaus aus den 30er Jahren in Chicago. Die Wohnung hatte viele Nachteile, aber einer ihrer echten Verkaufsanreize bestand in der Feuerleiter mit einem Treppenabsatz, der gerade groß genug war, um darauf zu grillen. Zu unserem »Balkon« gelangte man durch ein großes Fenster in der Gästetoilette.
Bei unseren ersten Bewirtungsversuchen beschränkten wir uns auf unsere Eltern, Verwandte und enge Freunde, die unserer mangelnden Erfahrung mit größter Nachsicht begegneten. Aber dann arbeiteten wir uns zu einem größeren Kreis von Gästen

hoch und luden meinen Onkel und seine ziemlich wählerische, etepetete Freundin Judith zu einer Barbecue-Party ein. Anthony legte die Steaks auf den Grill, gesellte sich wieder zu den Gästen, um nach einer Weile erneut hinauszuklettern und die Steaks zu holen, wobei er das Fenster hinter sich sorgfältig schloss, damit kein Qualm in die Wohnung gelangte. Als die Steaks durch waren, öffnete er das Fenster, um den Rückweg anzutreten. Sie können sich seine Überraschung vorstellen, als er in die Gästetoilette kletterte und Judith auf dem Klosett sitzen sah. Da er ein großes Tablett mit Fleisch in den Händen trug, konnte er sich nicht die Augen zuhalten und auch sein Amüsement nicht ganz verhehlen, während er auf dem Absatz kehrtmachte. Mit einem förmlichen »Verzeihung« begab er sich wieder nach draußen, bis die Dame ihr Geschäft beendet hatte.

Keiner von uns verlor ein Wort über den Zwischenfall, aber Anthony und ich müssen noch immer lachen, wenn von Feuertreppen die Rede ist.

Eisbrecher

Manchmal ist es schwieriger, zwischen einander fremden Partygästen ein Gespräch in Gang als ein Soufflé zum Aufgehen zu bringen. Falls Sie Glück haben (oder gut planen), können Sie in die Gästeliste ein paar extrovertierte Leute aufnehmen, die nie um eine Antwort verlegen sind und jede Konversation ankurbeln. Wenn Sie einen von Natur aus ungehobelten oder frostigen Gast haben, kann niemand Wunder vollbringen, doch dann gelten dieselben Regeln:
Vermeiden Sie den kupplerischen Fehler zu glauben, dass zwei Personen gut zu einander passen, nur weil sie sich *so* ähnlich sind. Setzen Sie stattdessen Leute zusammen, die interessant und gesprächig sind und einen Standpunkt vertreten. Die Konversationsfähigkeit hat mehr Gewicht als der Ähnlichkeitsfaktor.
Als Gastgeber(in) können Sie zwischen den Gästen umhergehen und die eine oder andere Frage stellen. Dann liegt es an den Gästen, sie aufzugreifen. Sobald sich ein Gespräch zu entspinnen beginnt, sollten Sie sich entschuldigen, um sich anderen Gästen zu widmen.

Hier ein paar Fragen, mit denen man ein Gespräch in Gang bringen kann:

Wo sind Sie … (z. B.) zu dieser Uhr, diesem Haarschnitt, diesem wundervollen Begleiter gekommen?
Haben Sie schon mal (z. B.) *Turandot* gesehen, Austern gegessen, sich für einen anderen ausgegeben?
Sind Sie nicht soeben (z. B.) von der Hochzeit Ihrer Tochter, von Island, aus dem Gefängnis von Alderson zurückgekommen?
Wie steht es (z. B.) mit Ihrem Buch, Ihrem Haus, Ihrer Scheidung?
Was halten Sie (z.B.) von diesem neuen Film, dem Weltfrieden, Tom Cruise)?

Einen übereifrigen Geschichtenerzähler zum Schweigen zu bringen, kann schwieriger sein, als schweigsamere Gäste zu bewegen, sich am Gespräch zu beteiligen. Wenn die Luft im Raum von einem schwafelnden Alleinunterhalter verschlungen wird, ist jedes Mittel recht. Schlagen Sie dem Quälgeist vor, Ihnen in der Küche zu helfen, bringen Sie einen Toast aus, bieten Sie eine Führung durch Ihr Haus oder Ihre Wohnung an, oder stecken Sie ihm oder ihr einfach einen leckeren Bissen in den Mund.

Der Paarhufer

Gastgeberin: Nell de Becque
Anzahl der Gäste: 1
Menü: Gebratenes Hühnchen, gemischter Salat

Kurz nachdem ich zum ersten Mal geheiratet hatte, erkrankte meine Mutter und kam in die Klinik, so dass mein Vater sich irgendwie selbst verköstigen musste. Als stets pflichtbewusste Tochter lud ich ihn daher zum Abendessen ein. Das war in Ordnung, bis auf die Tatsache, dass ich nicht kochen konnte. (Vor meiner Eheschließung hatte meine Mutter den französischen Botschafter angerufen, um einen seiner Köche anzuwerben, der es mir beibringen sollte. Merkwürdigerweise zeigten besagte Köche sich an diesem Vorhaben nicht interessiert, und obwohl es schwer vorstellbar ist, dass Franzosen unhöflich sind, legten sie einfach auf.)

In diesem Fall jedoch war der Fleischer so nett, mir zarte, junge Brathähnchen zu empfehlen, allerdings ohne mich darauf hinzuweisen, sie vor der Zubereitung zu zerteilen. Es versteht sich von selbst, dass sie außen verbrannten und innen roh blieben. Doch das Abendessen war noch nicht gänzlich ruiniert, denn es gab noch einen leckeren Salat mit einem Dressing nach dem Rezept meiner Mutter, das unter anderem eine Menge feingeschnittener Schalotten vorschrieb.
Mein Vater, ein namhafter Broadway-Komponist, hasste Knoblauch – vermutlich weil er nicht danach riechen wollte, wenn er hinter die Bühne ging, um die hübschen Mädchen vom Chor zu küssen. An jenem Abend schnüffelte er also argwöhnisch an meinem Salat.

»Da ist doch kein Knoblauch drin, oder?«
»Aber nein, nein, nein«, versicherte ich ihm. »Nur Schalotten, wie Mami gesagt hat.«
Zum Glück für meine Mutter – und zum Pech für meinen Vater – war mir der Unterschied zwischen Schalotten und Knoblauch nicht bewusst. Und man beachte, dass es sich um ein kluges Kind handelt, das weiß, wie es mit einem Vater umgehen muss, der die Mädchen vom Chor küsst.

Die stinkende Rose

2004 erklärte die International Herb Association den Knoblauch zum Gewürz des Jahres. Der Volksmund verbindet Knoblauch mit Glück und Schutz vor Bösem. Sein Geruch soll Hexer, Werwölfe und natürlich Vampire abhalten. König Tut wurden bei seiner Bestattung etliche Knoblauchknollen mit ins Grab gegeben, da man glaubte, sie schützten vor Krankheit und förderten Stärke und Durchhaltevermögen.

Ein ägyptischer Papyrus aus dem Jahr 1500 v. Chr. empfiehlt Knoblauch gegen zwanzig verschiedene Krankheiten. Heute erzählen uns Wissenschaftler, dass die Art der Zubereitung seine Heilkräfte zu beeinträchtigen scheint. Wenn die Zehe zerschnitten oder zerdrückt wird, verbindet sich ein in der Pflanze enthaltenes Enzym mit einer Aminosäure. Daraus entsteht dann eine neue Verbindung, die, wie sich gezeigt hat, dreiundzwanzig verschiedene Bakterien abtötet, darunter Salmonellen und Staphylokokken. Wenn Knoblauch erhitzt wird, entsteht eine andere chemische Verbindung, die nach Meinung der Forscher Arterienverkalkung verhindern und den Blutdruck sowie die Cholesterinwerte senken soll. Die blutverdünnende Eigenschaft von Knoblauch könnte auch vorbeugend gegen Herzinfarkte und Schlaganfälle wirken.

Mit Knoblauch lässt sich schwer kochen, ohne dass man etwas

davon auf die Hände kriegt. Schrubben Sie also danach Ihre Hände gründlich mit Salz und Zitronensaft und verwenden Sie dabei kaltes Wasser. Spülen Sie sie danach mit warmer Seifenlauge ab.

Bei Mundgeruch infolge von Knoblauchverzehr empfehlen Naturheilkundige, Fenchelsamen oder Petersilie zu kauen. Am besten ist es jedoch, wenn alle Leute in Ihrer Umgebung ebenfalls dieser wundertätigen Knolle frönen.

Das Phantom der Oper

Gastgeber: Christine & Andrew Webb
Anzahl der Gäste: 12
Menü: Kürbisravioli, Huhn in Marsala, grüne Bohnen, gebratener Fenchel, gedünstete Birnen, Vanilleeis, Biscotti

Eines Abends, als unsere Gäste gerade ihre Aperitifs austranken, drang aus dem Speisezimmer ein ohrenbetäubendes Krachen. Wir stürmten hinein und sahen, dass unser riesiger Kronleuchter aus französischem Bergkristall nicht mehr an seinem gewohnten Platz hing, sondern mitten auf den bereits für 14 Personen gedeckten Esstisch gefallen war. Die Ursache der Katastrophe: Meine beiden allerliebsten Kinder hatten die Badewanne, die

sich direkt über dem Speisezimmer befand, überlaufen lassen, wodurch sich der Gips der Decke auflöste.
Das Blumengesteck in der Tischmitte war hin, aber – Wunder über Wunder – kein einziger Teller zerbrochen. Ich steckte einige Votivlichter in den herabgestürzten Kronleuchter, der nun herrlich funkelte, und voilà – sofort bekam alles eine besondere Atmosphäre. Wir speisten mit unserem prachtvollen Kronleuchter als dramatischem Tafelaufsatz in der Mitte und nahmen das klaffende Loch in der Decke kaum zur Kenntnis.
Ich mag mir jedoch nicht vorstellen, wie viele Herzinfarkte es gegeben hätte, wenn der Kronleuchter heruntergefallen wäre und die Gäste bereits ihre Plätze eingenommen gehabt hätten. Das wäre dann ein unvergesslicher, wenn nicht gar unverzeihlicher Abend gewesen!

Kunst der Beleuchtung

Licht ermöglicht uns nicht nur, Dinge zu sehen, es bereichert auch unsere Umgebung und beeinflusst unsere Stimmung. Schwaches, gedämpftes oder farblich abgetöntes Licht kann entspannend, ja sogar verführerisch wirken; gleißendes, weißes Licht kann stimulieren, was jedoch auf Kosten der Gemütlichkeit geht. Als Gastgeber/in sollten Sie den goldenen Mittelweg einschlagen.

Hier ein paar einfache Anregungen in Sachen Beleuchtung:

Ersetzen Sie normale Glühbirnen durch farblich abgetönte oder Niedrigwattbirnen, um den Raum in ein gedämpftes Licht zu tauchen.
Stellen Sie jede Menge Teelichter und Votivkerzen (sicher verwahrt unter Glasstürzen) auf Fenstersimse, Tische und in Korridore. Achten Sie jedoch darauf, dass Vorhänge und Tischtücher nicht Feuer fangen können.

Gruppieren Sie dicke Kerzen auf Ess- und Couchtischen (vermeiden Sie allerdings bunte und parfümierte Kerzen).
Platzieren Sie Lampen mit zur Decke gerichteten Lichtkegeln

auf dem Boden, in Ecken oder hinter Möbelstücke, um das Augenmerk der Gäste nach oben zu lenken und den Raum größer erscheinen zu lassen.
Sollten Sie über einen Kamin verfügen, so nutzen Sie ihn! Sofern er nur Attrappe ist, können Sie Kerzen hineinstellen, um einen warmen Lichtschein zu erzeugen.

Verwenden Sie große Glasschalen als Tafelaufsätze. Sie müssen nicht teuer sein. Füllen Sie sie mit Wasser, lassen Sie Blüten darauf schwimmen und zünden Sie Kerzen darin an.

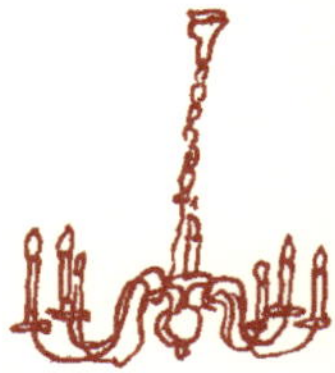

Weiße Christbaumlichter können, wenn sorgfältig aufgehängt, Ihrem Zuhause bei einer Party eine festliche Note verleihen.
Es geht nichts über einen Stromausfall oder einen von der Decke gefallenen Kronleuchter, wenn es gilt, die Romantik im Kerzenschein wiederzuerwecken. Sie sollten also immer viele Kerzen und eine Schachtel Streichhölzer zur Hand haben. Und vergessen Sie nicht: Um dies zu genießen, brauchen Sie nicht darauf zu warten, bis der Strom ausfällt oder die Decke nachgibt.

Sommerliche Hundstage

Gastgeber: Marguerite & Valentin Wagner
Anzahl der Gäste: 20
Menü: Antipasti, Lammrippchen, Schokoladenkuchen ohne Mehl

Es war auf dem Höhepunkt des Fusions- und Gewinntaumels der 80er Jahre. Unter den New Yorker Anwaltskanzleien tobte ein heftiger Konkurrenzkampf, da sich in diesem Klima viele der besten Hochschulabgänger entweder fürs Investmentbanking oder die Business School entschieden. Und so wurden Studenten während ihrer Sommerpraktika zu einem guten Abendessen eingeladen, damit die Kanzlei meines Mannes ganz oben auf ihrer Liste rangierte, sollte ihnen ein Job angeboten werden.
In einem jener Sommer lud mein Mann 20 potentielle Mitarbeiter zu einem festlichen Dinner ein. Offensichtlich wollte er

sie mit dem Lebensstil beeindrucken, dessen sie sich erfreuen würden, wenn sie zu den Glücklichen gehörten, die von der Kanzlei ausgewählt wurden.

Seit unsere sechs Monate alte Cockapoo-Hündin Delia (eine Kreuzung zwischen Cockerspaniel und Pudel) zu uns gekommen war, hatte ich keine Einladungen mehr gegeben. Delia war ein zwanzig Pfund leichtes Wollknäuel, das aussah, als sei es gerade einem Zeichentrickfilm von Walt Disney entsprungen. Ihr neckisches Gesichtchen wurde von einer platinblonden Haartolle gekrönt, und ihre glänzenden, braunen Äuglein waren von langen, schwarzen Wimpern und markanten Augenbrauen umrahmt, denen man einfach nicht widerstehen konnte. Außerdem hielt sie uns ganz schön auf Trab.

Wir hatten das Glück, eine talentierte und reizende Köchin namens Diana Hoguet zu kennen, die immer, wenn wir Gäste zu bewirten hatten, zu uns nach Hause kam und köstliche Feinschmeckergerichte zubereitete. Da Diana eine solche Perle war, nahm ich meine Pflichten als Gastgeberin nicht mehr ganz so ernst. Zudem brachte sie immer dieselben Aufwärterinnen mit, die sich bei uns inzwischen bestens auskannten, so dass ich gerade noch rechtzeitig von der Arbeit nach Hause kommen konnte, um letzte Hand anzulegen, ehe die Gäste eintrafen. An jenem Abend, an dem die potentiellen zukünftigen Mitarbeiter meines Mannes eingeladen waren, betrat ich gegen Viertel vor sieben heiter und beschwingt das Haus, und als ich in die Küche ging, teilte mir Diana verlegen mit: »Delia ist auf den

Tisch gesprungen und hat den Lammbraten angefressen. Aber ich denke, wenn Sie und Valentin nichts essen, gibt es keine Probleme.«

»Machen Sie sich keine Gedanken, alles wird gut gehen!«, versicherte ich ihr.

Die angehenden Rechtsanwälte kamen gegen halb acht, und wie stets ließ ich die Drinks und Vorspeisen in unserer ziemlich geräumigen Diele servieren. Der süßen Delia, die immer sehr menschliche Anwandlungen hatte, kam plötzlich in den Sinn, dass auch sie einen Job in der Kanzlei haben wollte, und zwar als Reißwolf. Immer wenn ein Gast einen Drink mit einer Papierserviette gereicht bekam, stellte sich Delia, wie ein Tanzbär im Zirkus, auf die Hinterbeine, schnappte dem Gast die Papierserviette weg, zerriss sie in tausend Fetzen und schüttelte dabei selbstgefällig und stolz ihren blonden Wuschelkopf.

Als wir uns zum Hauptgang ins Esszimmer begaben, schlich sich Delia zwischen den übrigen Gästen herein und schien bestürzt zu sein, dass sie keinen eigenen Stuhl hatte. Doch sie ließ sich durchaus nicht entmutigen, sondern arbeitete sich systematisch um den Tisch herum und bettelte. Meinem Mann, der weniger Nachsicht übte, war das sehr peinlich, worauf er sie in die Küche brachte. Doch Delia wollte nicht eingesperrt sein und fing alsbald an zu jaulen und wie wild an der Tür zu kratzen. Schließlich witschte sie der Aufwärterin zwischen den Beinen hindurch und kam wieder zum Tisch.

So weit hatte sich Delia als eine einzige Nervensäge erwiesen:

hinterhältig, aber charmant. Ich blickte in die Runde, und alle schienen zu lachen und sich zu amüsieren, trotz (oder vielleicht sogar wegen) ihrer Aufdringlichkeiten. Und so war ich mit dem Verlauf des Abends ganz zufrieden.

Zum Nachtisch taten sich unsere Gäste an Schokoladenkuchen mit üppiger Schokoladensauce gütlich. Reichlich gesättigt und entspannt, verließen wir das Esszimmer, um Kaffee zu trinken, und unterhielten uns über die Praktika und die Sommerferien der zukünftigen Mitarbeiter. Es war schon ziemlich spät, als Valentin wegen eines dringenden Anrufs zum Telefon gebeten wurde, den er in seinem Arbeitszimmer entgegennahm.

Delia ergriff die Gelegenheit beim Schopf: Während wir uns in Smalltalk ergingen, sprang sie auf den Tisch und verschlang alles, was von den zwanzig Schokoladendesserts übrig geblieben war. Valentin wurde endlos am Telefon festgehalten, und gegen 23 Uhr beschlossen die jungen Anwälte endlich, dass es an der Zeit sei zu gehen. Ich brachte sie zur Tür, um ihnen eine gute Nacht zu wünschen. Delia gesellte sich zu uns, während Valentin den Telefonhörer mit der Hand bedeckte und mir eindringlich zuflüsterte, »Delia auszuführen«. Aber da war es schon zu spät. Niemand hatte uns gesagt, dass Schokolade Hunden nicht guttut. Als sich die Gäste verabschiedeten, bäumte sich Delias Verdauungssystem gegen die Lawine der von ihr verschlungenen Schokoladenkuchen auf. Unmittelbar vor der Tür und sämtlichen Gästen. Sie übergab und entleerte sich gleichzeitig und hinterließ einen stinkenden Haufen.

Vergebens versuchte ich, das Küchenpersonal auf mich aufmerksam zu machen und Valentin herbeizuwinken. Ich blieb allein mit Delia, der Schweinerei und den Praktikanten, die über dieses Desaster fast hinwegspringen mussten, um unsere Wohnung verlassen zu können. In ihrem jugendlichen Bemühen höflich zu sein, verloren sie kein Wort darüber, als ich ihnen die Hand schüttelte und meiner Hoffnung Ausdruck verlieh, sie bald wiederzusehen.

Zu unserem Glück hatte Delia schon als Welpe eine so bärenstarke Konstitution, dass sie die Schokolade verkraftete, aber ich scheute mich, meinen Mann zu fragen, wie viele jener Praktikanten tatsächlich in die Anwaltskanzlei eintraten.

Sicherheitsvorkehrungen zum Schutz von Haustieren

Kein fürsorglicher Haustierbesitzer möchte seinen vierbeinigen Liebling leiden sehen, doch nicht jeder Tierfreund ist sich der Gefahren gewisser Nahrungsmittel und Haushaltsartikel bewusst.

Der Tierschutzverband empfiehlt, dass Sie Ihren Hund oder Ihre Katze fernhalten von

alkoholischen Getränken
Avocados
Schokolade jeglicher Art
Kaffee jeglicher Art
fetthaltigen Speisen
Macadamianüssen
schimmeligen oder anderweitig verdorbenen Nahrungsmitteln
Zwiebeln oder Zwiebelpulver
Rosinen und Weintrauben
Salz
Hefeteig

Die Weihnachtszeit ist für Haustiere besonders reich an Gefahren:
Das Wasser von Christbäumen enthält oft Düngemittel, durch deren Verzehr sich Vierbeiner den Magen verderben können. Abgestandenes Wasser kann ein Brutherd für Bakterien sein und auch zu Übelkeit, Erbrechen und Durchfall führen.
Lassen Sie Ihr Haustier nicht in Reichweite von Elektrokabeln kommen, denn wenn es sie durchbeißt, riskiert es einen tödlichen Stromschlag. Decken Sie Elektrokabel gut ab oder verstecken Sie sie und lassen Sie Ihr Haustier nie darauf herumkauen.
Girlanden, Lametta und Gummibänder können Verstopfung, ja sogar einen Darmverschluss verursachen. Dies kommt bei jungen Katzen sehr häufig vor!
Batterien enthalten korrodierende Substanzen, die, wenn sie geschluckt werden, Geschwüre im Mund, auf der Zunge und im übrigen Verdauungstrakt hervorrufen können.
Christbaumkugeln und andere Ziergegenstände aus Glas können, wenn sie zerbissen und hinuntergeschluckt werden, innere Verletzungen zur Folge haben.
Zweibeinige Gäste sollten ebenfalls auf den Verzehr von Weihnachtsschmuck verzichten.

Vukutu

Gastgeber: Agatha & Max Weber
Anzahl der Gäste: 8
Menü: Hähnchensalat mit Melone,
nordafrikanisches Couscous

Eine Zeitlang hatten mein Mann und ich das Glück, auf einem wunderschönen 100 000 Hektar großen Landbesitz im heutigen Zimbabwe zu wohnen, der den Namen Vukutu trug. Wir aßen oft im Freien und genossen die weiten Blicke und die überbordende Tierwelt. So manche Mahlzeit nahmen wir ein, während in unmittelbarer Nähe Antilopen, Zebras und Giraffen umhertrotteten. Als Max, der damals Direktor einer landesweit bekannten Kunstgalerie war, eine Gruppe von Gaststudenten zu uns zum Essen einlud, dachte ich, dass auch unsere Gäste die Erfahrung der Wildnis vielleicht zu schätzen wissen würden. So wurde ein Tisch hübsch gedeckt für eine Mahlzeit unter freiem Himmel, die aus Hühnersalat und Melonen bestand, wunderbar erfrischen-

den Gerichten in der afrikanischen Hitze. Ich wies Aman, unseren Koch an, das Essen hinausztragen, während wir unseren Gästen die prähistorischen Höhenmalereien, Mauern und Terrassen auf dem Gelände zeigten.
Bei der Rückkehr von unserem kleinen Ausflug hatten die Gäste gehörigen Hunger bekommen. Schon von weitem sahen wir Aman mit den Armen wild um sich schlagen. Doch erst als wir uns näherten, konnten wir erkennen, dass er den letzten mehrerer runzeliger Geier vom Tisch zu verscheuchen versuchte, die sich unaufgefordert zu unserem Mahl eingeladen hatten. Mir schauderte, da ich wusste, dass Geier, wenn man sie stört, Erbrochenes um sich schleudern oder urinieren. Dankenswerterweise bestand ihre schlimmste Schandtat darin, unser Essen verschlungen und nur ein Dutzend bauchiger Korbflaschen mit rotem Mozambique-Wein übrig gelassen zu haben.
Unverzüglich schenkte ich unseren Gästen von dem Wein ein, während Aman sich um den Tisch kümmerte und Max, als echter Mann der Wildnis, sein Gewehr nahm und sich in den Busch begab. In einiger Entfernung hörten wir Schüsse knallen, und kurz darauf kehrte Max mit mindestens einem Dutzend kleiner Vögel zurück, die er zusammengebunden und sich über die Schulter geworfen hatte, als sei das seine tägliche Beschäftigung. Aman bestrich die Vögel mit Butter und briet sie in unserem Backofen. Die Studenten konnten zu Hause eine tolle Geschichte zum Besten geben, und der Vukutu-Vogel gehörte von nun an zu unseren Standardgerichten.

Wie man Federwild säubert

Selbst wenn Sie nicht die Absicht haben, sich Ihr Abendessen selbst zu erjagen, könnte es sein, dass Ihnen eines Tages jemand, der auf die Jagd geht, frische Beute zur Zubereitung vorbeibringt. Dann sollten Sie Folgendes tun:

Trennen Sie als erstes Kopf, Füße und Hals mit einem geschärften Hackbeil ab.

Rupfen lässt sich Federwild leichter, wenn es noch warm ist, weshalb Sie keine Zeit verlieren sollten. Reißen Sie die Federn, immer mehrere auf einmal, in Wuchsrichtung aus. Beginnen Sie an der Brust und arbeiten Sie sich zum Hals hin vor. Drehen Sie dann den Vogel um und rupfen Sie von sich weg zu den Schwanzfedern. Anschließend müssen Sie ihn über einer Gasflamme absengen, um verbliebene Flaumreste zu entfernen.

Federwild sollte so schnell wie möglich ausgenommen werden, besonders bei warmem Wetter. Wenn man die Eingeweide herausnimmt, entströmt gewöhnlich eine Menge Blut, es sei denn das Fleisch ist um die Einschussstelle herum gesättigt. In diesem Fall können Sie es eine Stunde lang in Milch oder einer Lösung aus zwei Vierteln Wasser und einem Esslöffel Backpulver einweichen. Spülen Sie es hinterher sorgfältig aus.

Kleine Vögel kann man einfach gegens Licht halten, um etwaige Schrotkörner zu entdecken. Nachdem der Vogel gerupft und ausgenommen ist, müssen Sie ihn nach Federresten und Schrotkörnern absuchen, die sich dann mit einer Pinzette oder einem scharfen Messer entfernen lassen.

Wenn Ihnen bei alldem übel wird, können Sie sich auf den Standpunkt stellen, dass das Säubern des Vogels eigentlich Sache des Jägers ist. Aber denken Sie daran, Jäger sind bewaffnet!

XXL

Gastgeber: Mimi & Rudolfo Marcellino
Anzahl der Gäste: 4
Menü: Gegrilltes Lamm mit Joghurt und Garam Masala Marinade, Papaya Chutney, Basmatireis, Puri

Eine mit uns befreundete Meisterköchin, die mit einem – auch wegen seiner Leibesfülle – berühmten Chefkoch zusammenarbeitete, hatte ihn für ein paar Tage zu sich eingeladen. Da sie wusste, dass wir gern kochten, fragte sie uns, ob wir ihn nicht an einem der Abende zu uns zum Essen bitten wollten. »Er mag indische Kost«, verkündete sie.

Leider tauchte ausgerechnet diese nicht häufig auf unserem Speiseplan auf, doch wir wollten es versuchen. Und so durchforsteten wir unverzagt unsere internationalen Kochbücher und suchten bei einigen indischen Studenten aus unserem Freundeskreis Rat, die ein paar Anregungen gaben.

Schließlich entschieden wir, dass eine aus Joghurt und Garam Marsala bestehende Marinade zu gegrilltem Lamm eine gute

Wahl sei, weil wir dieses Gericht schon vor Jahren einmal zubereitet hatten und es nicht nur typisch indisch, sondern obendrein auch noch schmackhaft war. Außerdem bereiteten wir ein hervorragendes, frisches Mango Chutney und backten, obgleich im Backen unerfahren, das ebenfalls typisch indische Puri, ein lockeres Weizenbrot, ähnlich dem griechischen Pita.
Als der große Abend schließlich anbrach, sprach das schöne Wetter für ein Essen im Freien. Im Hinterhof stellten wir Stühle um einen runden Tisch auf. Gewöhnlich können wir dort bequem sechs Personen unterbringen.
Aber als wir dann Platz nahmen, merkten wir, dass unser Stargast nicht nur groß, sondern auch breit war. O je, sein Wanst würde nicht in unseren Stuhl passen! Glücklicherweise hat er einen wunderbaren Sinn für Humor, und so lachten wir alle herzhaft über seine missliche Lage. Irgendwo fanden wir einen robusten, spanischen Stuhl ohne Armlehnen und ein dickes Kissen. Mit ein wenig Einfallsreichtum hatten wir eine neue Tischordnung ersonnen, unser Gast einen neuen Stuhl, und trotz des zwischenzeitlichen Durcheinander wurde zu unserer großen Erleichterung das Essen für »lecker« erklärt.

Tipps zur Reparatur von Sitzmöbeln

Querstäbe von Stühlen sollten regelmäßig auf ihre Stabilität hin überprüft und im Zweifelsfall umgehend repariert werden, damit ein Gast nicht den ganzen Abend lang vornüberkippt.
Wenn Sie einen beschädigten Stuhl entdecken, so ziehen Sie den lockeren Querstab so weit wie möglich aus seiner Verankerung, streichen eine großzügige Menge Holzleim darauf und stecken ihn wieder hinein. Da der Leim Druck benötigt, um zu härten, binden Sie ein Seil parallel zu dem wieder eingesetzten Querstab um die beiden Stuhlbeine und klemmen dann einen Dübel (oder ein kurzes Stück Holz) in den Knoten, um durch kontinuierliches Drehen das Seil so zu spannen, bis der erforderliche Druck entsteht. Stecken Sie hierauf den Dübel hinter den Querstab, halten Sie das Seil straff und lassen Sie den Leim mindestens zwanzig Stunden trocknen, bevor Sie Ihre Hilfskonstruktion entfernen. Achten Sie darauf, den überschüssigen Leim abzuwischen, ehe er trocknet, sonst müssen Sie ihn mit einem Spachtel abkratzen.
Wenn wir schon dabei sind: Um einen Kalkring vom Waschbecken zu entfernen, reiben Sie leicht mit fein gesponnener, in Zitronenöl getauchter Stahlwolle daran, damit die Oberfläche nicht zerkratzt wird. Bearbeiten Sie hinterher die gesamte Oberfläche mit dem Zitronenöl, so dass keine Ränder entste-

hen – und wischen Sie das überschüssige Öl mit einem weichen Lappen weg.
Wachstropfen gehen leicht ab, wenn Sie sie durch Auflegen von Eiswürfeln hart werden lassen. Nehmen Sie dann eine Kreditkarte, die wie ein Spachtel wirkt, um das Wachs abzukratzen.

Trotz alledem: Die sicherste Methode, die Esszimmereinrichtung zu schonen, ist auswärts essen zu gehen!

Bernstein in den Berkshires

Gastgeber: Rosa & Gabriel Eisenstein
Anzahl der Gäste: 60 und mehr
Menü: Gefüllter Hummer, gebratener Spargel, Reis-Pilaw, Baked Alaska [eine Art Eissplittertorte]

Vor mehreren Jahrzehnten gaben mein heutiger Ex-Mann Gabriel und ich in unserem wunderschönen Haus hoch oben in den Berkshire-Hügeln eine wunderbare, wenn auch leider etwas chaotische Dinner Party für Leonard Bernstein. Schon mehrmals hatte unser Haus der Bernstein-Entourage für ein Essen vor oder nach einem Konzert offen gestanden, da Gabriel und ich eine Münchener Firma vertraten, die mit einer Gruppe weltberühmter Dirigenten, darunter eben auch Bernstein, arbeitete.

Die Einladungen wurden an etwa sechzig Personen versandt (vermutlich vierzig davon gingen an Leute aus Bernsteins Umfeld: an seine Familie, Freunde und Bewunderer der Familie und der Freunde). Normalerweise ging es bei Partys in den Berkshires recht zwanglos zu. Diesmal jedoch hatten wir eine feierliche Abendgesellschaft geplant, bei der die Gäste unter einem weißen Zelt, in dem überall rote Blumen hingen, an hübsch gedeckten Tischen Platz nehmen sollten, auf denen Öllampen standen. Die Vorspeise des Menüs bestand aus gefülltem Hummer, einem für uns ziemlich ausgefallenen Gericht.

Außer Bernsteins Mutter Jennie kamen seine drei Kinder, sein Bruder Burton und seine Schwester Shirley. Seiji Ozawa hatte mit seiner Mutter zugesagt, so dass aus der Party eine richtige Familienfeier zu werden versprach. Auch die Leitung des Boston Symphony Orchestra war stark vertreten, und wir hatten ein paar von unseren eigenen Freunden sorgfältig ausgewählt, um an einem Abend teilzunehmen, den man sich nicht entgehen lassen durfte.

Der Präsident von Columbia Artists Management Ronald Wilford, der mit seiner warmherzigen, wunderbaren Frau Sara kommen wollte, rief kurz zuvor an und fragte, ob er ein paar Hausgäste mitbringen könne. Ich habe mich noch nie auf bestimmte Zahlen festgelegt, weshalb ich sofort erwiderte: »Aber natürlich!« Er erkundigte sich, ob ich die Namen wissen wolle, und ich entgegnete, dass das nicht nötig sei, da mir alle seine Freunde willkommen seien. Er ließ aber nicht locker und sagte:

»Ich denke, ihr solltet lieber wissen, um wen es sich handelt: Slava Rostropowitsch, Dmitri Schostakowitsch und seine Frau!« Mein Zelt auf dem Rasen des Mount Washington würde nun also mehreren musikalischen Größen unserer Epoche Schutz bieten – und zwar allen auf einmal!

Während wir im Zelt standen und an unseren Cocktails nippten, fuhr Bernstein, der als Letzter eintraf, in einem offenen Cabriolet vor. Als Gabriel und ich ihn begrüßten, machte er uns auf einige drohende schwarze Wolken aufmerksam, die sich zwischen zwei Bergen hindurch schnell auf uns zu bewegten. Bestimmt würde binnen einer halben Stunde die Hölle los sein! Und so kam es auch. Die schwarzen Wolken öffneten sich direkt über unserem Zelt, und der Regen strömte wie in den Tropen gleich einem Wasserfall hernieder. Wind kam auf, und alle flüchteten ins Haus.

Wir versammelten uns auf der vorderen Veranda, um dem vorüberziehenden Unwetter zuzusehen. Als Erstes flogen die Tischtücher und Blumenarrangements davon und landeten im Wald. Die Lampen stürzten um, und das Öl ergoss sich über die Tische. Das Zelt bebte – wir hatten keine Zeit gehabt, die Planen hochzuschlagen oder irgendetwas zu schützen.

Aller Augen ruhten (sofern nicht auf dem Naturschauspiel) auf mir. (Das arme Ding! Wie soll sie mit uns und alldem fertig werden?) Zum Glück stand das Essen noch immer in der Küche. Mein Ex-Mann, der, wie man weiß, ganz gern mal ein Glas Wein trinkt, harrte mit Ozawa und Rostropowitsch unter dem Zelt im peitschenden, brausenden Regensturm aus, brachte wiederholt einen Trinkspruch auf die Elemente aus und sang russische Lieder. Nun, Seiji kannte ich nicht, aber ich wusste, dass Gabriel kein Wort Russisch spricht. Das schien jedoch nichts auszumachen. Wir anderen standen auf der Veranda und schauten ihnen gebannt zu, als säßen wir im Kino.

An diesem Abend verbrauchten wir unseren gesamten Vorrat an Badetüchern, und die Gäste aßen über das ganze Haus verteilt. Noch Monate später fanden wir in allen möglichen Ecken Hummerschalen. Champagner- und Weingläser waren in Blumentöpfen, hinter Fernsehapparaten und an anderen merkwürdigen Stellen (was taten die Leute essenderweise auf den Betten in der Mansarde?) deponiert.

Wir verzehrten ein chaotisches Abendessen in einer außerordentlich geselligen und heiteren Atmosphäre. Rostropowitsch bestand darauf, dass er mir beim Servieren helfe und ich mit ihm esse. Hummer war schwer zu essen, besonders, wenn man auf Rostropowitschs Schoß saß! Und so hatten wir gewiss mehr Spaß bei dieser aus den Fugen geratenen Tischordnung, als wenn wir das von mir unter dem Zelt geplante förmliche Dinner eingenommen hätten.

Am nächsten Abend saß ich in der Loge des Tanglewood [Proben- und Konzertzentrum in Berkshire County, Massachusetts, Anm. d. Übs.] und erholte mich noch immer von den Strapazen der Nacht zuvor. Da kam Bernstein herein. Als er in seinem Theatercape hinter unseren Sitzen vorbeifegte und eine Zigarette rauchte, erblickte er mich. Er legte seine Hand aufs Herz und ging wie vor einer Königin auf die Knie. Ich sah, wie sich Köpfe reckten, um herauszufinden, vor wem er sich verbeugte. Da erlebte ich einen regelrechten Kick, und das alles dank »meines« Regensturms! Er hatte die Party in den Berkshire-Mountains zu etwas Besonderem gemacht und mir Erinnerungen beschert, die ich gewiss nie vergessen werde.

Faustregeln für Feste im Freien

Mutter Natur legt oft zu Unzeiten einen boshaften Humor an den Tag. Und so sollte man sich trotz segensreicher Wettersatelliten, Radar und Internet stets auf die Möglichkeit unvorhergesagter extremer Temperaturen, Unwetter und nervtötenden Ungeziefers einrichten, wenn man zu einer Party im Grünen einlädt.

Halten Sie das Essen bereit, aber bringen Sie es erst in letzter Minute ins Freie. Wählen Sie ein Menü von Zimmertemperatur, das keine Saucen auf Mayonnaisebasis enthält und keine Messer erforderlich macht, falls die Leute im Stehen essen (müssen oder wollen). Stellen Sie die Tische so auf, dass sich das Essen in dem Bereich befindet, der am besten geschützt ist.

Ein Tischtuch kann bei starkem Wind zum Segel werden. Sichern Sie das Tuch an allen vier Ecken oder, bei runden Tischen, in regelmäßigen Abständen entweder durch Klebestreifen oder indem Sie Münzen in den Saum einnähen.

Bedenken Sie, dass Sie nie genug Eiswürfel haben können. Kalkulieren Sie, was Sie zu brauchen glauben, und verdreifachen Sie die Menge. Lagern Sie das zusätzliche Eis in der Badewanne oder in einer kühlen Ecke im Keller. Versorgen Sie Ihre Gäste außer mit Softdrinks und alkoholischen Getränken stets mit reichlich kaltem Wasser.

Verzichten Sie auf rote und gelbe Getränke, wenn Bienen oder Wespen umherschwirren, denn die Biester fühlen sich magisch von ihnen angezogen. Vermeiden Sie auch den Gebrauch von Karaffen, in denen sich Insekten verstecken können, um dann für unangenehme Überraschungen zu sorgen.

Sie sind die Gastgeberin und geben folglich den Ton an. Bleiben Sie also gelassen, egal was geschieht. Sinn für Humor hilft in der Regel über alle Unbilden der Witterung hinweg. Wenn der nichts nützt, können Sie sich immer noch einem Gast auf den Schoß setzen.

Schwein gehabt

Gastgeber: Robert Meyerbeer
Anzahl der Gäste: 50 bis 120
Menü: Spanferkel, Maiskolben, Wurst, Käse und Brot

In meinen Junggesellentagen veranstaltete ich alljährlich eine Spanferkelparty, woraus am Ende eine regelrechte Serie von Katastrophen wurde. Das Ganze begann vor mehreren Jahren an einem 4. Juli, der auf einen Sonnabend fiel. In sehr rustikaler Umgebung gab es ein Spanferkel am Spieß, ein Fass Bier auf einem Bauernwagen, Wurst- und Käseaufschnitt auf großen, von Baumstämmen abgesägten Holz-»Tellern« und 120 Maiskolben – mehr als genug für die 50 geladenen Gäste. So dachte ich zumindest. Das Problem war nur, dass statt der 50 Leute 120 kamen, die wie ein Schwarm Heuschrecken über alles Essbare herfielen. Innerhalb von zwei Stunden waren Spanferkel, Maiskolben, Bier, Wein, Wurst und Käse vertilgt. Möglicherweise aßen sie auch die Servietten auf! Am nächsten Morgen stellte ich fest, dass einer meiner (geladenen) Gäste ein Schild aufgestellt hatte, auf dem stand: »Gäste von Gästen können keine Gäste mitbringen!«

Da ich aus der ersten Katastrophe gelernt hatte, lud ich zur Spanferkelparty Nr. 2 nur 50 Leute ein, die keine Gäste mitbringen durften. Auch bestellte ich diesmal ein viel größeres Spanferkel, doch als der Lieferwagen ankam, war kein Spanferkel drin! Laut Aussage des Fahrers war es »unterwegs gestohlen« worden. »Wer bricht denn einen Lieferwagen auf, um ein totes Schwein zu stehlen?«, fragte ich. Wie dem auch gewesen sein mochte, was sollte ich nun machen? Ich musste mir schnell etwas einfallen lassen, und so baute ich einen riesigen Grill im angrenzenden Feld, kaufte 50 Schweinekoteletts und füllte und grillte sie mit großem Erfolg.

Im Jahr darauf, inzwischen um zwei Spanferkelpartys klüger, holte ich die Spanferkel – zwei diesmal – selbst ab. Doch ach herrje! Als ich die Plastikverpackung öffnete, stieg mir ein ekelerregender Geruch in die Nase. Das Fleisch war verdorben! Die Tiere fanden ihr Grab in der Peconic Bucht, wo sich die Fischer in jenem Jahr über ihren ungewöhnlich fetten Fang gewundert haben dürften. Zum Glück erreichte ich telefonisch zwei Freunde in Manhattan, bevor sie sich auf den Weg zur Party machten. Gerade noch rechtzeitig brachten sie zwei perfekt vorgekochte Ferkel mit.

Während der Wettergott den drei ersten Spanferkelpartys hold gewesen war, erging es der vierten nicht ganz so gut. Es ist prak-

tisch unmöglich und absolut kein Vergnügen, im Freien ein Schwein über einer Grube zu braten, wenn es in Strömen regnet. Trotz aller verzweifelten Versuche, ein Zelt aufzubauen, wurden wir dabei nass bis auf die Haut. Glücklicherweise war das Anwesen, auf dem ich damals lebte, mit zwei gewaltigen Backöfen ausgestattet, jeder groß genug für ein Spanferkel. Pech jedoch, dass sich beim Transport vom Haupthaus zum Nebengebäude der Bratensaft aus den Pfannen ungehindert in meinen Wagen ergoss und dort einen Gestank hinterließ, der mich noch monatelang an eine weitere Spanferkelpartyrettung erinnerte.
Auf der letzten Spanferkelparty, mit der eine elfjährige Tradition zu Ende ging, geschah etwas recht Unerwartetes. Damals brach ich meine mir selbst gesetzte Regel, keine Gäste von Gästen zu bewirten, und erlaubte einem Freund eine Freundin namens Gabriele mitzubringen. Heute ist sie meine Frau, und dies das Happyend der Spanferkelpartygeschichten.

Wie man ein Spanferkel brät

Man kann ein Spanferkel auf verschiedene Weise zubereiten – räuchern, am Spieß, in einer Grube im Boden oder darüber braten oder, wenn man nur über eine ganz normale Küche verfügt, im Ofen schmoren lassen. Egal wofür Sie sich entscheiden, Sie müssen eine Vorbereitungszeit von zwei Tagen einkalkulieren, da das Schwein über Nacht mariniert werden muss. Geben Sie Ihre Bestellung schon lange vor dem geplanten Ereignis beim Fleischer ab, wenn möglich einen Monat, mindestens jedoch zwei Wochen im Voraus. Wenn Sie mit dem Fleischer sprechen, sollten Sie folgende Punkte beachten:

Bestehen Sie darauf, dass er den Kopf, die Beine und die Ohren dranlässt (ein Schweinsohr kann ein begehrtes Souvenir sein).

Das Spanferkel muss ausgenommen, gewaschen und von sämtlichen Haaren und Borsten befreit sein. Allerdings darf dabei die Haut nicht Schaden leiden.

Die Augen sollten entfernt werden.

Bitten Sie Ihren Fleischer, das Spanferkel auseinanderzuspreizen – es sei denn Sie können gut mit Hammer und Hackebeil umgehen. Wer immer ihm die letzte Ehre erweist, er sollte die Schnauze ganz lassen.

Lassen Sie sich nicht abschrecken, wenn der Fleischer sagt, dass das Spanferkel tiefgekühlt sein wird. Der Geschmack leidet

nicht darunter, aber bitten Sie ihn, es auftauen zu lassen, ehe Sie es abholen.
Füllen sie den Bauch des Schweins mit Füllmasse oder Ihren Lieblingsgewürzen wie frischem Knoblauch, Rosmarin, Thymian, geschnittenen Zwiebeln, gemahlenem Kreuzkümmel, Zitrone und viel Salz und Pfeffer. Legen Sie es, wenn möglich, in eine mit Eisbrocken gefüllte Badewanne.
Je nach Größe des Tiers kann es vier bis neun Stunden dauern, bis das Fleisch gar ist, d.h. wenn die Temperatur im Inneren des Bratguts zwischen etwa 70° und 80° Celsius beträgt. Man kann das Spanferkel zunähen, doch das muss nicht sein.
Servieren Sie jede Menge Beilagen. Denn ein gebratenes Spanferkel mit köstlich krosser Kruste macht zwar schwer was her, wirft aber letztlich nicht viel Fleisch ab.

Ein Schlussakkord

Gastgeber: Eva & Walter Singer
Anzahl der Gäste: 35
Menü: Kalbsfrikassee, Wildreis, Caesar Salad

Anfang der 60er Jahre arbeitete mein Mann Walter als Musikkritiker für die *New York Herald Tribune,* wodurch er mit vielen jungen und begabten Musikern in Kontakt kam. Und so baten wir von Zeit zu Zeit einen talentierten jungen Künstler in unsere Wohnung Ecke East 10th Street/Tompkins Square, um für uns zu spielen, gewöhnlich als eine Art Probe für ein bevorstehendes Debüt oder Konzert. Zu diesen Anlässen luden wir immer auch ein paar Freunde des Künstlers und einige unserer eigenen ein, und ich bereitete ein schlichtes Buffet, für das man kein Besteck benötigte.

Vladimir Baku war ein außerordentlich begabter junger Cellist von 19 Jahren, und wir hatten ihn für den, wie sich herausstellte, kältesten Abend des Jahres eingeladen. Seit dem Blizzard von 1937 war es an einem Februarabend nie mehr so bitterkalt gewesen, und ausgerechnet an diesem Tag sollte er seine musikalische Darbietung geben! Am Tompkins Square herrschten arktische Temperaturen, und die geparkten Autos froren an Ort und Stelle fest. Doch weil die New Yorker schlechtes Wetter nicht sonderlich scheuen, verlief alles, wie geplant, und keiner der fünfunddreißig Gäste sagte ab.

Ich hatte bewusst auf eine Hilfe in der Küche verzichtet und kochte riesige Mengen Kalbsfrikassee, überwachte Töpfe mit Reis, putzte Unmengen von Salat und schnitt Scheffelkörbe voll französischen Brots. Wenn ich mich recht erinnere, rangierte das Ergebnis unter meinen erfolgreichen kulinarischen Bemühungen.

Gegen 20 Uhr begannen die Leute einzutrudeln, und bald schon befanden sich mehr als ein Dutzend Gäste in bester Partylaune. Alles lief wie am Schnürchen. Kurz darauf traf der junge Ehrengast ein. Mit ihm sein Cello, seine Mutter (zugleich seine Lehrerin und selbst eine ausgezeichnete Cellistin), die Ehefrau seines Begleiters und die Person, die dem Begleiter die Noten umblättern sollte – eine junge Frau, die uns mitteilte, dass der Begleiter Probleme gehabt habe, einen Parkplatz zu finden und nun einen ziemlich weiten Weg in der Kälte zurücklegen müsse.

Unser Türsummer ertönte in immer kürzeren Abständen, da

mehr und mehr Gäste eintrafen. Irgendwann trat dann, völlig außer Atem, ein älterer Mann durch die Tür. Walter vermutete, dass es sich um Vladimirs Begleiter handelte. Der Mann streckte Walter die Hand hin und stellte sich mit einem schweren deutschen Akzent vor.

Doch kaum hatte er begonnen die Lippen zu bewegen, brach er hinter der Türschwelle plötzlich zusammen und fiel Walter regelrecht auf die Füße. Die neu hinzukommenden Gäste warfen einen schnellen Blick auf den am Boden liegenden Mann und stiegen, sichtlich verblüfft, vorsichtig über ihn hinweg.

Sogleich eilte die Frau des Begleiters herbei, kniete neben ihrem Mann nieder und kramte aus ihrer Handtasche Herztabletten hervor, die sie ihm in den Mund steckte. In der Zwischenzeit rief Walter unseren Wohnungsnachbar an, einen Arzt, der aus unerfindlichen Gründen erst zwanzig Minuten später erschien. Als er endlich kam, untersuchte er den Mann und erklärte ihn, an Walter und mich gewandt, für tot. Darauf erhob er sich, um die Polizei zu verständigen und einen Krankenwagen anzufordern.

Die Frau des Begleiters erlitt einen Schock. Unser junger Cellist war stumm vor Entsetzen. Die Frau, die die Noten umblättern sollte, brach in lautes Schluchzen aus. Aber die Mutter des Cellisten, unverkennbar eine tapfere Frau, die schon viel durchgemacht hatte, stimmte einen optimistischeren Tonfall an. Dies sei zwar eine schreckliche Tragödie, meinte sie, doch ihr Sohn könne zumindest einige Werke von Bach, bei denen er keine Begleitung benötige, auf seinem Cello spielen, als eine Art spontanem Requiem für den Verstorbenen gewissermaßen – ein Ansinnen, das Vladimir umgehend und empört von sich wies. In der Zwischenzeit strebten die meisten Gäste zur Tür, als sie erfuhren, dass eine Leiche in der Wohnung lag, wobei sie abermals über den Toten hinwegsteigen mussten, um nach draußen zu gelangen.

Stundenlang warteten wir auf den Krankenwagen, der den Leichnam abholen sollte, und währenddessen warteten auch meine fünfundzwanzig Pfund Kalbsfrikassee in der Küche. Gegen ein Uhr regte sich schließlich bei den verbliebenen neun oder zehn Gästen – darunter der Cellist, seine Mutter, die Notenumblätterin und die Frau des Begleiters – das Gefühl, etwas Essbares zu sich nehmen zu müssen. Der quälende Hunger war stärker als die Trauer, und so wurde aus unserem Abendessen mit musikalischer Untermalung ein Leichenschmaus. Trotz des noch immer in der Diele liegenden Toten ließen es sich die Leute gut schmecken, sprachen dem Wein tüchtig zu, woraufhin sich eine lebhafte Unterhaltung entspann. Es war halb drei Uhr morgens, als endlich der Krankenwagen zum Abtransport der Leiche eintraf und ein weiterer unvergesslicher Abend bei den Singers zu Ende ging.

Am nächsten Tag sprachen wir der Frau des Begleiters telefonisch noch einmal unser Beileid aus und versicherten Vladimir unseres Mitgefühls. Danach riefen wir mehrere Freunde an, um ihnen ein Geschenk von mehreren Pfund Kalbsfrikassee anzubieten. Nur eines der Paare nahm das Angebot an, und Walter und ich stellten fest, dass eine Kalbsfrikassee-Diät auch nicht das Wahre ist. Jahrzehnte sollten ins Land gehen, ehe ich mich wieder an die Zubereitung von Kalbsfrikassee wagte, einer kleineren Menge diesmal. Ein kulinarischer Erfolg war es nicht.

Im Notfall

Nicht alle Herzanfälle sind plötzlich und heftig wie in einschlägigen Spielfilmen. Die meisten setzen mit leichten Beschwerden oder Schmerzen ein. Viele Leute, die einen Herzinfarkt erleiden, merken es nicht einmal oder verleugnen es aus Angst.

Falls ein Gast Beschwerden oder Schmerzen zu empfinden scheint, achten Sie darauf, ob es sich um eines der von der Heart Association zusammengestellten »klassischen Symptome« handelt.

Die meisten Herzinfarkte gehen mit einem unangenehmen Gefühl im mittleren Brustbereich einher, das minutenlang anhält oder abflaut und dann wiederkehrt. Fragen Sie Ihren Gast, ob er Druck, Beengtheit oder Schmerzen empfindet.

Erkundigen Sie sich, ob der oder die Betreffende Beschwerden in einem Arm (oder beiden), im Rücken, Hals, Kiefer oder Magen verspürt.

Beobachten Sie außerdem, ob Kurzatmigkeit, kalter Schweiß, Übelkeit oder Schwindelgefühl auftreten.

Wenn die genannten Symptome vorhanden sind, rufen Sie sofort den Notarzt. Fragen Sie, ob jemand in Erster Hilfe ausgebildet ist, falls sich der Zustand der Person verschlechtert, ehe der Rettungsdienst eintrifft. Wenn Sie selbst den Transport in die nächste Klinik übernehmen können, so tun Sie das unver-

züglich. Jeder sollte sich in Erster Hilfe ausbilden lassen, vor allem wenn es in der Familie Herzkrankheiten gab. Besuchen Sie unbedingt die von den Gesundheitsbehörden empfohlenen Auffrischungskurse in Erster Hilfe.
Wenn Sie und der leidende Gast Glück haben, handelt es sich nur um Sodbrennen, und Sie können das Menü des nächsten Abendessens, zu dem Sie ihn oder sie einladen, entsprechend darauf abstimmen.

Katastrophenabwehrprogramm in der Speisekammer

Jede Gastgeberin sollte auf bestimmte Gerichte zurückgreifen können, die sich zur Not mit geringem oder gar keinem Aufwand zubereiten lassen. Allerdings sollte man die notwendigen Zutaten stets zur Hand haben. Im Folgenden finden Sie eine Liste von Lebensmitteln, die ich immer vorrätig zu haben versuche, falls etwas schief geht oder Gäste unerwartet hereinschneien. Nutzen Sie diese Liste als Grundlage für ihre eigene.

In der Kühltruhe:
selbstgemachte Suppen
Chili con carne oder vegetarisches Chili
Hühnerbrust (roh, entbeint und einzeln verpackt)
Hühnerpastete
Tiefkühlspinat
Kleine Böhnchen
Ungesalzene Butter
Pesto
Vanilleeiscreme
Schokoladenkuchen/Kekse

Im Gewürzregal:
Meersalz
Pfefferkörner
getrockneter Oregano, Thymian und Rosmarin
Chilipulver
Roter Pfeffer

Im Vorratsschrank:
eingemachtes Rind- und Hühnerfleisch in Dosen oder im Tetrapack
Teigwaren

Reis
Olivenöl
Pflanzenöl
Aceto balsamico
Tomatensauce in Gläsern
Kichererbsen
Miesmuscheln in Dosen
Räucherlachs in Dosen
Paniermehl
Knäckebrot
Zwiebeln
Kartoffeln

Im Kühlschrank:
Milch
Butter
Eier
Streichkäse
Mayonnaise
Kapern
Karotten
Sellerie
frische Petersilie

Dankadressen

Die unterhaltsamen Geschichten in diesem Buch stammen von Leuten, die im Laufe der Jahre sowohl als Gastgeber wie auch als Gäste so manche Dinner Party gemeistert haben. Mein aufrichtiger Dank gilt all jenen, die eine Geschichte beigesteuert haben. Leider konnte ich nicht alle wunderbaren Beiträge, die mir zugingen, hier aufnehmen – eine weitere kleine Katastrophe, die ich bedauere. Natürlich wurden die Namen sämtlicher Beiträger geändert. Zu Dank verpflichtet bin ich Anna Jane Haye für ihre Mühe, die Geschichten zu sammeln und als Katalysator zu wirken, den dieses Buch benötigte. Dank auch an Dan Tucker von Sideshow Media für seine Ausdauer und Geduld. Außerdem danke ich Abigail Stokes für ihre einfallsreichen Zwischenleisten und Roderick Mills für seine köstlichen Illustrationen sowie Andrea Danese und Laura Tam bei Harry N. Abrams, die geholfen haben, aus unseren *Katastrophen* das Beste zu machen. Das Buch wäre nicht zustande gekommen ohne die detaillierten Aufzeichnungen meiner Tochter Andrea und ihren kritischen Geist. Und schließlich noch ein besonderer Dank an meine Familie, deren abenteuerlustige Gaumen sich im Einklang mit meinen Kochkünsten entwickelten.